Christian-Peter Steinle
und Sandra Lechleiter

Goldfische

Mit einem Beitrag von Peter Heimes

39 Farbfotos
15 Zeichnungen

VERLAG
EUGEN
ULMER

Drum prüfe…

Das Verflixte an der Haustierhaltung ist: Es gibt keine »Trockenkurse«. Tiere kann man nicht »zur Ansicht« haben, nicht wie einen Pullover anprobieren und bei Nichtgefallen wieder zurücklegen. Tiere kauft man, trägt sie nach Hause, hat man dann und die große Verantwortung für ihr gutes Leben obendrein. Basta!

Auch Goldfische, die uns Menschen als allererste richtige Heimtiere nur gefallen und nicht auch noch von praktischem Nutzen sein mussten, haben in unserer Obhut ein gutes Leben verdient. Dass sie es tatsächlich bekommen, hängt entscheidend davon ab, wieviel man von ihrem uns so fremden Lebensraum, von ihren Lebensbedürfnissen und ihren Lebensäußerungen kennt. Das meiste davon muss man schon wissen, bevor man den ersten Goldfisch erwirbt. Es gibt nämlich auch keine »Anfängerfische«, keine »pflegeleichten« und keine »anspruchslosen« Fische. Ausnahmslos alle, unabhängig von ihrem Kaufpreis, haben Anspruch auf die Zuwendung und größtmögliche Aufmerksamkeit ihres Besitzers.

Deshalb wollen wir Ihre Neugier an den Goldfischen wecken, indem wir Ihnen sagen, wie sie »funktionieren« und was sie alles können. Und wir sagen Ihnen klipp und klar, was Sie alles können müssen, um Goldfische gut und angemessen zu pflegen.

Dieses kleine Buch wäre nicht entstanden ohne die Anregung von Hans Christian Reinhardt und die verlegerische Entscheidung, uns ein scheinbar so »banales« Thema einmal ganz anders als es viel zu oft üblich ist »aufzäumen« zu lassen. Von den Gesprächen und Diskussionen mit Dieter Vogt, Helmut Pinter, Gerd Fischer (Kölle-Zoo, Stuttgart), Guan Zanyao und Wang Pintsai (Beijing Ruijing Palace Goldfish Co., Ltd.) konnten wir dabei nur profitieren. Karl-Heinz Steiniger und Dirk Schmitz (Stimex Zierfischgroßhandel, Müllheim-Dattingen) waren uns darüber hinaus bei der Beschaffung besonders ansprechender Goldfischvarianten aus China behilflich. Nicht zuletzt gilt unser besonders herzlicher Dank Michael Kokoscha, dem geduldigsten Lektor der Welt.

Neuenburg am Rhein und Stuttgart, im Frühjahr 2000
Christian-Peter Steinle und Sandra Lechleiter

Inhalt

Die beliebtesten Fische der Welt

Malen Kinder Fische, tragen ihre »Werke« meist die unverkennbaren Züge von Goldfischen. Kaum jemand findet Goldfische nicht ansprechend, schön oder wenigstens nett. Überall sind sie beliebt, mit ausschließlich positiven Attributen besetzt und wohl darum die am meisten gepflegten Haustiere der Welt. Wenn es diese sympathischen Fische nicht schon gäbe – Walt Disney hätte sie einfach erfinden müssen.

In den Erbanlagen des unscheinbaren, weit über den eurasischen Kontinent verbreitete **Giebels** (*Carassius gibelio*) steckt bereits der ganze Farben- und Formenreichtum der Goldfische.

Ganz normale Goldfische sind immer eine Attraktion. Kaum ein Teich in öffentlichen Grünanlagen kommt ohne sie aus, kein mit noch so seltenen und kostbaren Tieren bestückter Zoo versäumt, auch diese populären Fische zu zeigen. Hat ein Architekt sein kreatives Pulver weitgehend verschossen, fällt ihm kein weiteres baulich reizvolles Detail ein, lässt er bestimmt einen kleinen Teich graben, einen Brunnen bauen oder ein Aquarium aufstellen und Goldfische einsetzen. Und gibt es auch nur ein chinesisches Restaurant ohne Goldfischaquarium? Ja, natürlich. Aber seien wir ehrlich, denen fehlt doch das gewisse Etwas.

Goldfische sehen aus, wie sich jedes Kind einen Fisch vorstellt. Schließlich lernt man Fischgestalten in Bilderbüchern und als Badetiere genau so kennen. Solche Eindrücke prägen und halten sich normalerweise bis ins Erwachsenenalter. Selbst Menschen, die mit Tieren prinzipiell und mit Fischen besonders wenig verbindet, betrachten Goldfische in der Regel mit angehobenen Mundwinkeln und manchmal mit verträumtem Blick. Goldfische sind einfach furchtbar sympathisch!

Ein großer Teil dessen, was Goldfische überhaupt möglich macht, liegt in ihrem natürlichen Ursprung. Goldfische sind Haustiere, wir kommen später noch darauf zurück, die aus einer beson-

4

Besonders junge Goldfische sehen genau so aus, wie man sich einen richtigen Fisch vorstellt.

ders erfolgreichen Fischfamilie, den sogenannten Karpfenfischen (Familie Cyprinidae) hervorgegangen sind. Mit erfolgreich ist gemeint, dass es den 5000 bis 7500, so genau weiß das auch die Wissenschaft nicht, Karpfenfischarten gelungen ist, mit wenigen Ausnahmen (Australien, Mittel- und Südamerika) praktisch alle Binnengewässer der Erde zu besiedeln.

Karpfenfische bewohnen Rinnsale, Bäche, Flüsse und Ströme, Teiche und Seen. Kalte, klare und sauerstoffreiche Gebirgsbäche haben sie sich ebenso erschlossen wie das genaue Gegenteil: trübe Tümpel, in denen das Atmen schwer fällt. In sauren, lebensfeindlichen Urwaldpfützen und selbst in den trüben Fluten tropischer Delten kommen sie vor, am Rand des nördlichen Polarkreises und unmittelbar am Äquator. Und während insbesondere die empfindliche Forellenverwandtschaft arg unter Gewässerverschmutzungen und -begradigungen leidet, sind viele Karpfenfische regelrechte Kulturfolger, die menschlichen Einwirkungen – bis zu einem auch für sie nicht mehr erträglichen Maß – hartnäckig widerstehen.

Einige der kleinsten Wirbeltierarten sind tropische Karpfenfische – männliche *Rasbora micros* aus Thailand werden gerade einmal einen Zentimeter lang –, gleichzeitig gehören die über zwei Meter großen indischen Flussbarben der Gattung *Tor* zu den

Während es Hunderte von Geflügel-, Rinder-, Schweine-, Pfer-
de- und Hunderassen gibt, ist die Zahl tatsächlich domestizier-
ter Fische recht gering. Karpfen, Regenbogenforellen und neu-
erdings auch einige Lachse machen die Speisefischsparte aus.
Viele Zuchtformen unter den Aquarienfischen, die spekta-
kulären Koi, allen voran aber die zahlreichen Goldfischrassen,
sind regelrechte Heimtiere. Liegt das züchterische Augenmerk
bei zum Verzehr bestimmten Fischen auf besonders schneller
Umsetzung von Mastfutter in Körper- und Filetwachstum, stehen bei den »Streichelfischen« Farben und Gestaltsmerkmale
im Vordergrund. Wolf Herre, unter Europas Haustierforschern
die »Nummer eins«, hat untersucht, welche typischen Haus-
tiermerkmale sich hinter dem Multikolorit von Goldfischen verbergen. Gefunden hat er im Vergleich mit der Ausgangsart insbesondere auf der Bauchseite erheblich vergrößerte Schuppen,
abweichende Maulöffnungen, eine verringerte Stabilität der
Flossen, kräftiger entwickelte Eingeweide sowie deutlich in
Form und Position veränderte Schädelknochen.

beeindruckendsten Riesen unter den Süßwasserfischen. Manche
Arten sind auffallend farbenprächtig, manche richtig bunt, andere »erstrahlen« in allen Grautönen des Regenbogens.

Es gibt Karpfenfische, die zum Insektenfang aktiv über die Wasseroberfläche fliegen, großmäulige Arten, die ihre Nahrung aus
dem Schlick von Flüssen und Seen »herauskauen«, Filtrierer mit
kompliziert aufgebauten Kiemenreusen und solche, die als Jungfische von Plankton und Algen leben, im Erwachsenenalter aber
kleinere Fische erbeuten.

Um sich zu vermehren, geben die meisten Karpfenfische ihre
Geschlechtsprodukte zwischen Wasser- oder Uferpflanzen oder
einfach über dem Gewässerboden ab, wo sich die Eier unbetreut
entwickeln. Aber unser heimisches Moderlieschen (*Leucaspius deli-
neatus*), ebenfalls ein Karpfenfisch, heftet seinen Laich an Wasser-
pflanzenstengel, wo er vom Männchen befächelt und aufmerksam bewacht wird. Und Bitterlinge (*Rhodeus* sp.) haben eine
raffinierte, die eigenen Kräfte schonende Methode der Fort-
pflanzung entwickelt: Wie der Kuckuck legen sie ihre Eier in fremde »Nester«. Bitterlingsweibchen laichen in die Atemöffnungen
von Muscheln, wo die Eier ständig von Frischwasser umströmt
und vor Fressfeinden bestens geschützt sind. Karpfenfische können allerhand.

Das ist schon die »Hohe Schule« der Goldfischzucht: farbenprächtige **Ryukin**, besonders hochrückig, mit tadellosem Fächerschwanz und »Kaliko«-Effekt, der den größten Teil des Körpers schuppenlos erscheinen lässt.

Nahezu immer sind es Karpfenfische, die als »typische« Fische angesprochen werden. Das ist kein Wunder, denn die Körperumrisse entsprechen zumeist dem, was Biologielehrer ihren Schülern als »idealen Fischkörper« verkaufen: Alle Flossen – nicht zu groß, nicht zu klein – befinden sich an den dafür besonders geeigneten Stellen, und der Körper wird, bis auf den Kopfbereich, meistens vollständig von Schuppen bedeckt.

Trotzdem gibt es keine »typischen« Karpfenfische. Ihre erfolgreiche Ausbreitung über fast die ganze Erde, ihre Fähigkeit, sich rasch mit nahezu sämtlichen Umweltbedingungen und -veränderungen zu arrangieren, macht sie zu einem wirklichen Erfolgsmodell der Evolution. Karpfenfische sind auf das Nichtspezialisiertsein spezialisiert!

Diese für Wirbeltiere ganz erstaunliche Fähigkeit hängt, sehr vereinfacht ausgedrückt, damit zusammen, dass Karpfenfische keine starren Muster vererben, sondern dass ihre Erbanlagen mit einem »offenen Programm« ausgestattet sind, das innerhalb eines bestimmten Rahmens Anpassungen und Veränderungen ermöglicht. Hierin liegt unter anderem auch der Grund dafür, dass soge-

Von welcher Art der Goldfisch abstammt, war lange umstritten und ist bis heute Anlass für teilweise abenteuerliche Spekulationen, obwohl längst allgemein anerkannt wird, dass Goldfische aus verschiedenen Vorkommen des Giebels hervorgegangen sind. Giebel verfügen über ein beachtliches Entwicklungspotenzial; ihr Erscheinungsbild kann von einer Population zur anderen mehr oder minder abweichen, was zu vielen wissenschaftlichen »Erstbeschreibungen« und Namensgebungen führte. Tatsächlich hat Markus Elieser Bloch den Giebel 1782 aus »Churmark, Pommern, Schlesien, Preussen« zuerst beschrieben, so dass im Augenblick nur der Artname *Carassius gibelio* gültig ist. Um den Ursprung und die systematische Stellung des Goldfisches deutlich zu machen, folgen wir hier der für Haustierbenennungen üblichen Form. Unsere Goldfische heißen *Carassius gibelio* forma *auratus*.

Abbildung rechts: Geteilte After- und Schwanzflossen und ein deutlich gedrungener Körper sind die Markenzeichen »klassischer« **Schleierschwanz-Goldfische**, die es in beinahe allen Farben und Farbkombinationen gibt.

nannte und vermeintliche »Mutationen« (keine »Launen« der Natur, sondern das wohl wichtigste Element im komplizierten Prozess der Artenentstehung) bei Karpfenfischen öfter vorkommen als bei anderen Fischgruppen.

Vom Gelbfisch zum Goldfisch

Zu diesen »Mutationen« gehören auch geringfügige oder deutliche Farbveränderungen. Nahezu alle Karpfenfische sind für das, was Fachleute Farbmangelmutationen nennen, anfällig. Albinos (Tiere ohne Farbpigmente und darum mit rot erscheinenden Augen), Gelb- und Schwärzlinge treten bei Schleien und Brachsen, Karauschen und Bachschmerlen, bei Rotfedern und tropischen Cypriniden häufig auf. Auch beim Giebel (*Carassius gibelio*), einem durchaus stattlichen Karpfenfisch, dessen Ursprung wohl im Hauptstrom der Donau liegt und der über fast den gesamten eurasischen Kontinent verbreitet ist, von der Nordseeküste bis nach China, sind sie nicht selten.

Dort, im östlichsten Landesteil, nahe der Stadt Kiasching, so haben es chinesische Geschichtsschreiber festgehalten, wurde vor rund eintausend Jahren ein Weiher, in dem besonders viele gelbliche Giebel heranwuchsen, unter Schutz gestellt. Unter Androhung der damals üblichen drakonischen Strafen verbot der Gouverneur Ting Yen-Tsan die »Chi« genannten »Gelbfische« zu fan-

gen oder gar zu verspeisen. Bald gab es überall im Land solche Teiche. Oft befanden sie sich in der Nähe buddhistischer Pagoden und Klöster, wo Mönche die Fische bewachten, fütterten und wohl auch schon nach ihrer Farbenpracht »sortierten«. Denn als die Kaiser der Sung-Dynastie im 12. Jahrhundert begannen, diese Fische in ihren Palastteichen zu pflegen, soll es bereits gelbe und goldgelbe, silbrig schimmernde, schwarz-weiß gefleckte und rot-goldene Exemplare gegeben haben.

Rasch verbreiteten sich die »Chi« unter Mandarinen und anderen Höflingen, wohlhabende Bürger kamen in ihren Besitz, und die in China bereits traditionelle Teichwirtschaft nahm sich der neuen Erwerbsquelle an. Aus den bunten Giebeln wurden Goldfische und richtige Haustiere – die allerersten zudem, die dem Menschen nicht als Nahrung dienten oder wenigstens durch ihre Körperkraft Nutzen brachten. Nur betrachten wollte man sie, sich an ihrem Anblick und an ihren ruhigen gleichmäßigen Bewegungen erfreuen. Bis in unsere Tage gelten Goldfische in China als Glücksbringer, symbolisieren eine positive Lebenseinstellung und Fruchtbarkeit.

Goldfische sind also die ersten Luxusgeschöpfe unter den Haustieren, und es ist kein Wunder, dass sie in einem Kulturkreis entstanden sind, in dem auch Meditationsphilosophien und -religionen ihren Ursprung haben. Im Westeuropa des angehenden Mittelalters hätte man sie bestenfalls aufgegessen.

Um das Jahr 1500 müssen die ersten Goldfische, inzwischen waren auch lang- und spaltflossige Formen entstanden, nach Japan gelangt sein. Dort hatte man immer schon gern chinesi-

**Goldfische
zirkumpolar**

Es ist vor allem der »Verdienst« gedankenloser Menschen, dass Goldfische nicht nur in Aquarien, Garten- und Parkteichen vorkommen, sondern auch in der Natur aller Erdteile Fuß fassen konnten. In Südafrika und Australien haben sie sich besonders stark ausgebreitet und verdrängend zunehmend angestammte Fischarten. Immer öfter erscheinen sie in nationalen Bestandsaufnahmen jeweils »heimischer« Fische und sind sowohl in tropischen und subtropischen Klimazonen (Thailand, Malaysia, Maskarenen, Madagaskar, Texas, Kalifornien) wie in Regionen mit besonders langen und klirrend kalten Wintern (Kanada, Norwegen, Finnland, Schweden). Und im Sommer 1999 konnte der Biologe Frank Velte melden, dass nun auch die Mittelmeerinsel Kreta nicht mehr »goldfischfrei« ist.

sches Kulturgut (Schrift, Religionen, handwerkliche Techniken) aufgenommen und den eigenen Bedürfnissen angepasst. So geschah es auch mit den Goldfischen, aus denen innerhalb von 200 oder 250 Jahren grazile Geschöpfe mit wallenden Flossen und stark verändertem Körperbau entstanden sind. Bis heute gehen viele Impulse der Goldfischzucht von Japan aus, und immer noch entstehen dort neue Varietäten.

Der halbwüchsige **Oranda** wird seine schwarze Zeichnung, die Reste der Jungfischfärbung, bald verlieren.

Schon in der Mitte des 17. Jahrhunderts brachten Jesuitenpater »Drachenaugen« und »Rotkopf-Goldfische« aus Hangzhou nach Holland, wo 1728 die europäische Erstzucht glückte (Teichfischer, 1994). Mit den Öffnungen Chinas und Japans gelangten immer wieder wenige Goldfische in die klassischen Kolonialländer England, Portugal und Holland, aber auch nach Frankreich, Russland und, als Begleiterscheinung früher Einwanderungswellen, in die USA. Doch erst gegen Ende des 19. Jahrhunderts, mit den Anfängen der Aquarienfischpflege, gelang der »Durchbruch«, wurden Goldfische und Schleierschwänze beliebte und vor allem teuere Hausgenossen, für die man mehr als 100 Goldmark ausgeben musste.

Preiswerter wurden sie in den zwanziger Jahren, auf dem Höhepunkt ihrer Beliebtheit. In allen europäischen Hauptstädten wurden damals Ausstellungen und Bewertungsschauen veranstaltet. Besonders beliebt und teuer waren vergleichsweise »einfache« Schleierschwänze, die ihren Züchtern Wohlstand und Ansehen bescherten. Mit der Ausnahme Großbritanniens nahm das Interesse an Goldfischen in den zwanziger Jahren unseres Jahrhunderts rapide ab. Beheizte Aquarien mit farbenprächtigen tropischen Fischchen verdrängten das Goldfischglas. Erst mit der Erfindung des preisgünstigen Folienteichs kamen Goldfische wieder in Mode und wurden (wieder) zum weltweit meistgehandelten Heimtier. Gleichzeitig entstand ein neuer lukrativer Markt für die dauerhaft nur in Aquarien haltbaren Schleierschwänze, Teleskopaugen, Löwenköpfe, Drachenaugen, Perlschupper und wie sie alle heißen.

Goldfischpflege kinderleicht?

Jedes Tier, das man sich in Haus oder Garten holt, hat Anspruch auf die bestmögliche Unterbringung und Pflege. Um das zu gewährleisten, ist Tierliebe allein keine ausreichende, manchmal sogar eine eher hinderliche Voraussetzung. Schon bevor der erste Goldfisch bei Ihnen einzieht, müssen Sie wissen, wie ein Aquarium, ein Teich, ja wie die Goldfische selbst »funktionieren« und sicherstellen, dass alle nötigen Voraussetzungen für ein günstiges Goldfischleben unter Ihrer Obhut gegeben sind.

Die Goldfischpflege kostet Zeit und Gold. Überlegen Sie sich vor dem Kauf, ob Sie beides wirklich investieren wollen.

Es ist noch gar nicht so lange her, da hielt man Goldfische – nomen est omen – in sogenannten »Goldfischgläsern« oder »Goldfischglocken«. Das waren ballonähnliche Gefäße, selten aus so gutem Glas, dass man die Fische unverzerrt erkennen konnte. Besonders schlechte Tiergeschäfte führen sie heute noch und, das wollen wir nicht verschweigen, tatsächlich ist es möglich, Goldfische lange Zeit mehr schlecht als recht darin kreisen zu lassen. Mittlerweile sind diese Behälter insbesondere aus Gründen des Tierschutzes verpönt. Es sprechen aber auch sehr praktische Aspekte gegen sie: Das geringe Volumen dieser Gläser erlaubt eigentlich keine Einrichtung, und das wenige Wasser erfordert einen erheblich höheren Pflege- und Arbeitsaufwand als ein noch so kleines Aquarium. Außerdem haben Sie in solch einem Gefäß nur sehr wenig von Ihren Fischen, die nur ein deutlich eingeschränktes Spektrum ihres vielseitigen Verhaltens zeigen und die Sie nicht einmal richtig erkennen können.

Goldfische kann man nicht »auf Probe« halten. Wer sie haben möchte, braucht einen Teich beziehungsweise ein Aquarium. Beides ist niemals billig, und es ist damit noch nicht getan. Auch die Einrichtung nebst der unvermeidbaren technischen Grundausstattung kostet Geld. Futter wird der kleinste Unterhaltposten sein, aber ihr Wasserverbrauch steigt – je nach der Größe von Aquarium oder Teich mehr oder weniger merklich –, Filtermaterial, Pflanzendünger und Wasseraufbereitungsmittel kommen dazu,

Wann sich Gold-
fische umfärben, ist
nicht vorhersehbar
und von Körper-
größe und Alter
unabhängig.
Manche Exemplare
behalten Elemente
des Jungfischkleides
bis zur Geschlechts-
reife.

und ziemlich sicher brauchen Ihre Fische irgendwann einmal ein Medikament. Und je nachdem, wo Sie Ihren Wohnsitz haben, müssen Sie eventuell investieren, damit aus Leitungswasser »Fischwohnwasser« wird.

Darüber hinaus ist Ihr Einsatz gefragt. Tierpflege macht Arbeit. Über das Jahr kommen etliche Stunden zusammen, die sie mit Schlauch und Eimer unterwegs sind, in denen sie Algen von den Aquarienscheiben lösen, Filter reinigen, Wasserflecke aufwischen, Laub von der Teichoberfläche sammeln oder etwa Pflanzen zurückschneiden.

Sind die Goldfische für Ihre Kinder gedacht, müssen Sie sich darüber im Klaren sein, dass die Arbeit letztendlich doch an Ihnen hängen bleibt. Und sind Goldfische wirklich das, was Sie oder Ihre Kinder sich wünschen? Fische kann man nicht streicheln, nicht auf den Arm nehmen und nicht an der Leine spazieren führen.

Ob Sie das alles wirklich wollen und können, nicht lieber die Beine hochlegen und fernsehen, ob nicht doch ein Hamster oder Wellensittich, ein Hund oder eine Katze Ihren Vorstellungen mehr entgegen kommt, ist die grundlegende Entscheidung, die Sie zuallerst überdenken und treffen müssen. Niemand kann Ihnen das abnehmen.

Sehen und verstehen:
Goldfischverhalten

Fische sind, wie wir Menschen, Wirbeltiere. Aber wie sie leben, fühlen und ihre Umwelt wahrnehmen, können wir nur schwer »mitfühlen« oder gar nachvollziehen. Trauert oder freut sich ein Hund, kränkelt ein Kaninchen oder ist eine Katze zum Schmusen aufgelegt, erkennen wir das sofort. Bei Fischen müssen wir schon sehr genau hinsehen – es lohnt sich.

Kein Zwitschern, Bellen oder Wiehern, keine geplusterten Federn, kein gesträubtes Haar, keine erhobene Pfote und vor allem keinerlei Mimik – Fische drücken ihr Befinden, ihre Stimmungen und Absichten durch Bewegungen und mit ihrem Farbwechselvermögen aus. Um dieses rein körperliche Verhalten einigermaßen interpretieren zu können, müssen sich Menschen erst damit vertraut machen. Das dauert einige Zeit, aber wer begonnen hat, die Lebensäußerungen von Fischen auf diese sehr distanzierte Weise zu »verstehen«, erhält einen faszinierenden Einblick in die völlig andere Lebens- und Erlebenswelt unter Wasser.

Kein Goldfisch ist wie der andere. Es lohnt sich, den individuellen Charakter jedes einzelnen Exemplars kennen zu lernen.

Goldfische sind von Natur aus gesellig. Nur unter möglichst vielen Artgenossen fühlen sie sich richtig wohl, sind lebhaft und »gelassen«. Schaut man genau hin, stellt sich heraus, dass Goldfischgemeinschaften zwar scheinbar ungeordnet durcheinander schwimmen, tatsächlich aber eine soziale Ordnung mit »flacher« Hierarchie bilden. Nicht unbedingt der größte und dickste, aber immer der gleiche Goldfische eines lockeren Verbandes ist zuerst am Futter, zuerst am Teichrand und jagt seine Mitgoldfische häufiger durchs Wasser. Es ist auch dieses Exemplar, das Veränderungen im und um das Aquarium, im und am Teich zuerst neugierig betrachtet und untersucht.

Anscheinend besteht diese durchaus von Risiken begleitete Rangfolge – wer die Nase als Erster aus dem Wasser streckt, den erwischt die Katze zuerst – nur oder bevorzugt unter Goldfischen gleichen Alters und/oder gleicher Größe. Ist nämlich, etwa in einem besonders großen Teich, genügend Platz, bilden jeweils etwa gleichgroße Exemplare mehrere Goldfischeinheiten, die sich eher aus dem Weg gehen.

14

Nicht perfekt: Viel längere Flossen und die rote Farbe ausschließlich auf dem »Löwenkopf«, dann erst ist das »Rotkäppchen« ein richtiger **Tancho-Oranda**.

Einzeln gehaltene Goldfische sind weniger lebhaft, weniger farbenprächtig und häufiger krank! Das ist keine wissenschaftlich untermauerte Aussage, aber die übereinstimmende Erfahrung vieler ernsthafter Goldfischfreunde. Es versteht sich daher von selbst, Goldfische nicht in »Einzelhaft«, sondern stets in einem kleinen Trupp zu pflegen, der wenigstens aus fünf Fischen besteht.

Können Fische sprechen?

Goldfische sind in der Lage, Laute zu erzeugen. Nicht so deutlich, wie es beispielsweise Karpfen können, aber durchaus hörbar. Es sind dumpfe Töne niedriger Frequenz, die durch das Aneinanderreiben der Schlundzähne entstehen. Und weil die Natur sehr selten etwas wirklich Nutzloses »macht«, darf man annehmen, dass diese Lautäußerungen der Verständigung untereinander dienen. Wie diese Fischkommunikation funktioniert, darüber ist leider nur sehr wenig bekannt.

Nun macht es nur dann Sinn, Töne zu erzeugen, wenn sie von jemand anderem gehört werden. Und tatsächlich verfügen Gold-

15

Immer wieder wird auch von Biologen behauptet, dass Fische zu keinen unserem Schmerzempfinden analogen Reaktionen fähig wären. Als Beweis führen sie an, dass sich von Fressfeinden übel zugerichtete Fische weiterhin »normal« verhalten und sich Aquarienfische an Heizstäbe anlehnen, obwohl sie sich dabei starke Verbrennungen zuziehen. Andererseits hat der Fischpathologe Reichenbach-Klinke schon in den fünfziger Jahren nachgewiesen, dass im Fischkörper alle für das Schmerzempfinden nötigen Sensoren, Nervenbahnen und »Empfangsstationen« ausgebildet sind. Weil die Natur nie etwas umsonst macht, ergibt sich daraus die einzige logische Konsequenz: Ja, Fische sind schmerzempfindlich!

fische – wie alle Karpfenfische – über ein sehr gutes Hörvermögen. Goldfische haben im Experiment bewiesen, dass sie eine ganze Palette unterschiedlichster Töne wahrnehmen und sogar mit Situationen in Verbindung bringen können. Beispielsweise lernen sie schnell auf Pfiffe oder Glockenschläge zu reagieren, wenn damit die Fütterung angekündigt wird.

Möglich machen das sehr leistungsfähige Goldfischgehör winzige Knochengebilde, die zusammen den sogenannten »Weberschen Apparat« bilden, der die von der Schwimmblase aufgefangenen Schallwellen zum Innenohr leitet. Alle Karpfenfische und Welsartigen verfügen über diese Einrichtung, die sicher erheblichen Anteil an dem großen Ausbreitungs- und Entwicklungserfolg dieser beiden Fischfamilien hat. Goldfische hören etwa im gleichen Frequenzbereich wie wir Menschen. Anhaltender Lärm, zuschlagende Türen und andere »Knalleffekte« stören und beunruhigen sie und können zu Beeinträchtigungen von Wohlbefinden und Gesundheit führen.

Goldfische haben alle sechs Sinne beisammen – und einen mehr.

Alle sieben Sinne?

Wahrscheinlich noch ausgeprägter registrieren Goldfische Gerüche und Geschmäcke. Goldfischlippen tragen zahllose hochempfindliche Geschmacksknospen, mit denen die Fische in ihren trüben Wohngewässern Nahrung finden und unterscheiden. Ebenso überlebenswichtig ist die Fähigkeit, gut riechen zu können. Auch dieser Sinn dient der Nahrungssuche, hat aber darüber hinaus eine wichtige Verständigungsfunktion. Fische kommunizieren

Goldfische können ausgezeichnet sehen und »ihre« Menschen sehr genau von anderen unterscheiden.

nämlich auch mit chemischen Signalen. »Schreckstoffe«, mit denen bedrängte, verwundete, ja selbst von Fressfeinden gerade erbeutete Fische Artgenossen vor Gefahren warnen, sind das bekannteste Beispiel dafür.

Hieraus ergibt sich eine wichtige Konsequenz für die Goldfischpflege: Verletzte und kranke einzelne Exemplare sorgen, weil sie warnende Duftstoffe abgeben, innerhalb eines Aquariums oder eines kleinen Teichs für Unruhe, für Stress. Schon aus diesem Grund ist es zweckmäßig, solche Fische in einem Quarantänebehälter zu separieren, zu dem wir Ihnen später auch aus anderen Gründen raten wollen.

Jeder Teich- und Aquarienbesitzer hat diese Situation schon erlebt: Normalerweise schwimmen alle Fische sofort herbei, wenn man ans Ufer oder vor das Aquarium kommt. Will man seine derart zutraulichen Fische aber Besuchern zeigen, verstecken sie sich in den hintersten Winkeln und lassen sich gar nicht oder erst nach langer Zeit blicken.

Goldfische können ganz ausgezeichnet sehen, wahrscheinlich sogar sehr viel besser, als wir ihnen zutrauen. Innerhalb einer Goldfischgesellschaft erkennen sich die Fische individuell am Aus-

17

Der 7. Sinn: Das Seiten- linienorgan	Goldfische tragen auf jeder Körperseite rund 325 makellos gerundete Schuppen. Sieht man genauer hin, erkennt man eine vom Hinterrand des Kiemendeckels über die Rumpfmitte bis zum Schwanzstiel verlaufende »Kette« deutlicher Poren. Jede Pore führt zu Sinneszellen, die zusammengefasst das Sei- tenlinienorgan bilden. Dieses uns Landsäugetiere schwer ver- ständliche Organ reagiert auf den Außendruck des Wassers, auf Strömungen, auf den Widerstand von Gegenständen, auf die Fische zuschwimmen, auf Schallwellen, dient also der räum- lichen Orientierung. Sicher beeinflusst die Seitenlinie ganz erheblich das »Bild«, das sich Goldfische von ihrer Umgebung machen.

sehen und sie können auch ein Menschengesicht vom anderen unterscheiden. Ihren regelmäßigen Pfleger und Ernährer erken- nen sie nämlich unabhängig von seiner Kleidung, mit oder ohne Brille. Diese Fähigkeit ist besonders bei Teichfischen erstaunlich, die, um so präzise sehen zu können, die Lichtbrechung der Was- seroberfläche überwinden müssen. Und noch etwas darf man daraus schließen: Goldfische verfügen über ein gutes Erinne- rungsvermögen.

Besonders zwischen Kindern und Gold- fischen können Beziehungen entste- hen, die man zwi- schen Menschen und Fischen eigent- lich nicht für mög- lich hält.

So verschroben und suspekt es für Außenstehende klingt: Jeder Goldfisch für sich ist eine richtige Tierpersönlichkeit. Wer die Tie- re beobachtet, erkennt mutige und vorsichtige, freche und grobe, neugierige und scheue, verfressene sowie auch in dieser Hinsicht zurückhaltende Individuen. Dass Goldfische sich nicht über einen Kamm scheren lassen, sondern sich neben Gestalt und Färbung auch charakterlich unterscheiden, macht sie für viele Menschen so besonders liebenswert. Nicht nur Kinder geben ihren Goldfischen darum sogar Namen und entwickeln Bindungen, die man zwi- schen Menschen und »Kaltblütern« nicht ohne weiteres erwartet.

Wie lange währt ein Goldfischleben?

Ältere Goldfische, die schon viele Lebensjahre auf dem »Buckel« haben, zeigen mit der Zeit regelrechte Vergreisungserscheinun- gen. Die Muskulatur schwindet und fällt ein, so dass man oft die Wirbelsäulenstruktur und Teile des Kopfskeletts durch die Haut erkennen kann. Zusätzlich verblassen die Farben; je nachdem, welche Grundfärbung vorherrscht, mehr oder weniger schnell

Wie alt ein Goldfisch wird, hängt zum größten Teil von der regelmäßigen und sachkundigen Pflege seines Lebensraumes, dem Wasser im Teich oder Aquarium, ab.

und deutlich. Der rotgoldene »Prototyp« kann als Senior sogar völlig weiß werden.

Sicher ist die lange Lebensdauer von Goldfischen ein weiterer wichtiger Grund für die intensiven Beziehungen, die Menschen zu ihnen entwickeln. Unter günstigen Bedingungen, das heisst bei aufmerksamer und fachkundiger Pflege, können Goldfische durchaus zwanzig Jahre alt werden. Sogar die mehr als doppelte Lebensdauer ist verbürgt: Im August 1999 starb in dem nordenglischen Örtchen Thirks der laut »Guinness-Buch der Rekorde« älteste Goldfisch der Welt mit 43 Jahren. Gewiß ist »Tish«, so hieß der Rekordhalter, keine Ausnahme, denn wie lange Goldfische leben, wird in der Regel nicht dokumentiert.

19

Der Fisch lebt im Wasser

Gut: Dass Goldfische »sprechen«, hören und sehen können, ist nachvollziehbar. Sehr viel schwieriger gelingt Verständnis dafür, wie das Leben in einem völlig anderen Medium funktioniert. Die Auseinandersetzung mit dem Wasser – für uns Lebensmittel, für die Fische Lebensraum – ist aber der grundlegende und zugleich schwierigste Schritt auf dem Weg zur Goldfischpflege. Erfolge und Misserfolge, ja das ganze Wohl der Fische, hängen von keinem anderen Faktor entscheidender ab.

Nichts geht ohne handfeste Grundkenntnisse über den Goldfisch-Lebensraum Wasser.

Fische verbringen nicht nur ihr gesamtes Leben im Wasser, ihre Organe kommunizieren auch ständig mit diesem sehr dynamischen Medium. So verfügt Wasser über die Eigenschaft, sich mit unterschiedlichsten Stoffen möglichst ausgeglichen zu vermischen.

Beispielsweise beträgt das Verhältnis des Salzgehaltes in der Körperflüssigkeit von Süßwasserfischen zu dem des Umgebungswassers durchschnittlich 8:1 bis 10:1. Um dieses Ungleichgewicht zu regulieren, überwindet das Wasser nicht nur die Barriere Fischhaut, sondern durchdringt auch jede einzelne Zellmembran. Rund um die Uhr »sickern« große Mengen Wasser in den Fischkörper, die von den Nieren wieder ausgeschieden werden müssen. Zwar sind Fischzellen an diese »Überflutung« gewöhnt, aber nur durch Wasser eines Typs, an den sie adaptiert sind, den sie »kennen«. Verändern sich dessen Eigenschaften schlagartig oder besonders ungünstig, müssen sie viele ihrer Körperfunktionen »umstellen«. Wie schwer ihnen das fällt, dokumentieren Untersuchungen scheinbar grundlos verstorbener Aquarien- und Nutzfische, bei denen man überzufällig oft verändertes, »verstopftes« oder abgestorbenes Nierengewebe findet.

Noch engeren Kontakt mit dem Wasser haben die Kiemen, über deren stark durchblutetes Gewebe die Fische im Wasser gelösten Sauerstoff »atmen«. Sämtliche Stoffwechselvorgänge sind von der ausreichenden Versorgung mit Sauerstoff abhängig.

20

Geht es dem Goldfisch gut, spreizt er seine Flossen und zeigt klare und kräftige Farben. Jede Abweichung ist ein Hinweis darauf, dass etwas nicht stimmt.

Bereits jetzt sollten Sie sich einprägen, dass der Anteil an gelöstem Sauerstoff im Wasser unmittelbar von der Wassertemperatur abhängig ist. Je wärmer es wird, umso schwerer fällt es den Fischen zu atmen und umso mehr Energie verbrauchen sie dabei. Diese Energie fehlt dann an anderen »Ecken und Enden«, zur Verdauung beispielsweise oder für das Abwehrsystem gegen Krankheitserreger, die mit den ermatteten Fischen leichteres Spiel haben.

Gleichzeitig – Fische sind wechselwarme Tiere, deren Körpertemperatur mit der des Wassers steigt und sinkt – ändern sich mit der Wassertemperatur auch sämtliche anderen stoffwechselbedingten Körperfunktionen. Dieser Zusammenhang hat zur Folge, dass Goldfische dann besonders aktiv sind und viel Sauerstoff benötigen, wenn dessen Verfügbarkeit abnimmt. Ihre vornehmste tierpflegerische Pflicht ist es darum, immer für einen optimalen Sauerstoffgehalt des Teich- oder Aquarienwassers zu sorgen. Mit welchen technischen Mitteln Sie das erreichen, sagen wir Ihnen in den entsprechenden Kapiteln.

21

Wasserwerte messen

Keine Messung ist umsonst, die Wasserwerte nicht zu beachten, verantwortungslos.

Sie müssen also ständig dafür sorgen, dass ihren Goldfischen Wasser zur Verfügung steht, das ihren Ansprüchen entgegenkommt, möglichst unbelastet und möglichst sauerstoffreich ist. Um das zu gewährleisten, müssen Sie, weil wir Nichtfische es nicht anders kontrollieren können, auf Methoden der chemischen Analyse zurück greifen. Regelmäßiges Messen und die Dokumentation der ermittelten Werte sind die einzige Möglichkeit, dauerhaft über die Qualität des Wassers informiert zu sein. Messergebnisse bestätigen die Güte Ihrer Pflegetätigkeit und warnen vor kleineren oder größeren Katastrophen. Die Folgen verstopfter Filter, defekter Pumpen, von Überfütterung, Überbesatz und faulenden Pflanzen können Sie zuerst über die Messergebnisse feststellen – kann man sie riechen oder sehen, ist es in der Regel schon zu spät.

Wenn Sie aber diese Daten regelmäßig erfassen und in übersichtlichen Tabellen festhalten, lernen Sie rasch, welche Ursachen welchen Veränderungen zugrunde liegen beziehungsweise wie rasch Sie welche Gegenmaßnahmen treffen müssen.

Besonders für Anfänger ist es wichtig, während der ersten Wochen und Monate häufig und sorgfältig zu messen. Ein- oder zweimal täglich, jeweils zur gleichen Zeit durchgeführt, ermöglichen die Messungen ein Bild dessen, was man gemeinhin »Einfahren« nennt. Gerade dieser Zeitraum ist besonders kritisch und erfordert häufig unser Eingreifen.

Später, sagen wir nach einem Vierteljahr und nachdem sich die Verhältnisse im Teich oder im Aquarium eingependelt haben, kann man zu größeren Messabständen übergehen. Einmal pro

Messmethoden, Messgeräte

Wie sich Ihr Leitungswasser im Normalfall zusammensetzt, sagt Ihnen das zuständige Wasserwerk. Für die regelmäßige Überprüfung der wichtigsten Wasserparameter im Aquarium und Teich genügen die im Zoo- und Laborbedarfshandel erhältlichen preiswerten Tröpfchentests (Indikatoren) vollauf; es gibt sie auch im sinnvoll zusammengestellten Set. Teststäbchen sind meist weniger zuverlässig und dienen allenfalls der ersten Orientierung. Elektronische Meßgeräte gibt es in verschiedenen Ausführungen und Preiskategorien, führen zu (nicht unbedingt nötigen) sehr exakten Ergebnissen, müssen aber ständig kalibriert und gewartet werden. Wofür Sie sich letztendlich entscheiden: Hauptsache, Sie messen überhaupt!

So ein **Fransenschwanz** mit **Nasenbukett**, dem sogenannten »**Pompon**«, ist nicht jedermanns Sache, doch eine der beliebtesten und ältesten Zuchtformen in China.

Woche genügt. Aquarienwasser misst man am besten vor und nach dem Wasserwechsel (was das ist, kommt noch), Teichwasser in jedem Fall nach starkem oder anhaltendem Regen, wenn es lange heiß ist oder wenn der Filter gereinigt wurde.

Die Temperatur

Pflegen Sie Goldfische ausschließlich im Aquarium, erfordert dieser Parameter den geringsten Aufwand: Temperaturschwankungen bewegen sich in einem unbedeutend kleinen Bereich.

Dagegen müssen Sie bei der Teichpflege aufmerksam bleiben. Die Vorzugstemperatur der wenigen Goldfischrassen, die wir für die Haltung im Gartenteich empfehlen, liegt zwischen 18 und 22 °C. Sie können das leicht selbst überprüfen, denn Goldfische sind in diesem Temperaturbereich besonders lebhaft, springen häufig, fressen gut und balzen. Nutzen Sie Zeitabschnitte mit diesem Idealzustand, indem Sie ihre Goldfische besonders gehaltvoll (das ist etwas völlig anderes als »viel«) füttern – vor allem im Herbst ist das als Vorbereitung auf die »Winterruhe« wichtig. Ab etwa 10 °C nehmen Goldfische nichts mehr zu sich, ziehen sich in die tiefsten Teichzonen zurück.

Auch im Spätherbst und Frühjahr ist die Kontrolle wichtig. Jetzt kommt es nämlich oft zu krassen Temperaturschwankungen zwi-

23

schen Tag und Nacht, was für die Goldfische besonders kräftezehrend und riskant ist. Füttern Sie in beiden Fällen auch dann nicht regelmäßig und vor allem nur wirklich wenig, wenn die Fische tagsüber betteln. Der reduzierte Stoffwechsel verträgt in diesem Zeitraum noch keinen vollen Darm.

Der Sauerstoff

Auch hier gelten für Aquarium und Teich verschiedene Maßstäbe. Es gibt in einem zurückhaltend, das heißt mit wenigen Fischen besetzten und regelmäßig gewarteten Goldfischaquarium eigentlich keinen vernünftigen Grund für Sauerstoffmessungen. Nur wenn die Fische erkrankt sind, lohnt es sich, auch diesen Aspekt zu beachten.

Ganz anders im Teich, vor allem wenn er, wie wir es Ihnen empfehlen, mit einem Filter ausgestattet ist. Wofür Fische den Sauerstoff brauchen, wissen Sie bereits. Er wird aber auch von den Filterbakterien benötigt, wenn sie Ammoniak in Nitrit und schließlich Nitrat (Nitrifikation) umwandeln.

Sauerstoffschwankungen sind vor allem in gut bepflanzten Teichen alltäglich. Pflanzen und Algen produzieren tagsüber meist mehr Sauerstoff als benötigt wird; nachts verbrauchen sie ihn. Problematisch ist das nur dann, wenn das Verhältnis zwischen Pflanzen und Fischen nicht ausgewogen ist, also in Teichen mit wenigen oder schlecht wachsenden Pflanzen und zu vielen Fischen. Wir wollen an dieser Stelle nicht verschweigen, dass diese fatale Kombination allzu oft die Regel und der Anlass dafür ist, dass Teiche oft schneller wieder zugeschüttet werden als sie gegraben wurden.

Wenn Sie ein fauler Teichbesitzer sind, der im Herbst nicht täglich gefallenes Laub von der Wasseroberfläche fischt, fördern Sie ein weiteres Sauerstoffproblem, denn organischer Abfall zersetzt sich im Wasser schnell und verbraucht dabei viel Sauerstoff.

Der pH-Wert…

…ist der »negative dekadische Logarithmus der Wasserstoffionenkonzentration« und den meisten Menschen schon wegen dieser akademischen Definition suspekt. Einfacher und ebenso treffend formuliert, ist er das Maß für die sauren oder alkalischen (laugenartigen) Eigenschaften des Wassers. Ihre Goldfische mögen es, wenn der entsprechende Wert zwischen 6 und 7,5 liegt. Was das bedeutet?

Im Wasser enthaltene Säuren setzen Wasserstoffionen frei, Laugen, auch Basen genannt, geben Hydroxidionen ab. Diese Ionen

Jedes Futterbröckchen, das Sie in den Teich werfen, führt zu Sauerstoffverbrauch. Füttern Sie darum weniger, als Ihren Fischen lieb ist.

24

Leicht nach unten gebogen, erstreckt sich das Orientierungsorgan Seitenlinie vom Hinterrand der Kiemen bis zur Schwanzwurzel.

kann man nicht sehen, aber – so unglaublich es auch scheint – wiegen, und der pH-Wert gibt das Gewicht der Wasserstoffionen wieder. Weil jedoch nur Bruchteile eines Gramms vorliegen und ihnen Mathematik prinzipiell zu unbequem ist, schreiben Chemiker nur die negative Potenzzahl auf: 10^{-7} Gramm Wasserstoffionen entsprechen demnach dem pH-Wert 7.

So schwer war das nicht, deshalb erzählen wir Ihnen auch den Rest. Die Gewichtssumme der Wasserstoff- und Hydroxidionen ergibt, das müssen Sie uns jetzt einfach glauben, immer 14, weshalb für den pH-Wert eine Skala von 1 bis 14 eingerichtet wurde. Mittendrin, bei pH 7, ist das Verhältnis ausgewogen und der sogenannte Neutralpunkt erreicht. Liegen mehr Säuren vor, werden mehr Wasserstoffionen erfasst, und der pH-Wert sinkt. Reagiert das Wasser aber basisch, sinkt der Wasserstoffionenanteil, wodurch der pH-Wert steigt.

Wichtig ist für die (Gold-)Fischpflege vor allem die Konsequenz der Potenzangabe: Ändert sich der pH-Wert nur um einen Wert nach unten oder oben, bedeutet das die zehnfache Abnahme oder Steigerung der Wasserstoffionenkonzentration. Es versteht sich von selbst, dass derart drastische und vor allem schlagartige Veränderungen den Fischen nicht bekommen.

Gesamthärte und Karbonathärte

Hartes Wasser ist »kalkig«, und jeder weiß, dass es zu krustigen Ablagerungen in Kochgeschirr und Boilern führt, Leitungsrohre

Härtebereiche	Um die Gesamthärte, die sogenannte »Summe der Erdalkalien« zu ermitteln, misst man die in Lösung gegangenen Calcium- und Magnesiumsalze. Wir erfassen sie in °dGH Grad deutscher Härte) und unterscheiden:

sehr weich: unter 3° dGH
weich: 3 bis 7 °dGH
mittelhart: 7 bis 12 °dGH
hart: 12 bis 17 °dGH
sehr hart: über 17 °dGH

D ie Wasserhärte können Sie bei Ihrem Versorgungsunternehmen erfragen – je nach Einzugsgebiet kann sie aber deutlich schwanken.

verstopft und bei der Wäsche größere Waschmittelmengen erfordert. Ob Wasser weich oder hart ist, hängt davon ab, aus welchem Untergrund Bäche, Flüsse und Seen gespeist werden, denn die Härte ist das Ergebnis der aus Erdreich und Gestein gelösten Mineralsalze.

Mittelhartes Wasser liefern uns die Versorgungsunternehmen normalerweise frei Haus. Glücklicherweise kommen Goldfische damit gut zurecht, so dass Sie nur bei Härten von deutlich über 20 °dGH Enthärtungsmaßnahmen ergreifen müssen. In jedem Fall sollten Sie das tun, wenn Sie Goldfische erwerben, die mit Sicherheit aus China stammen. Dort werden Goldfische in relativ weichem Wasser (10 °dGH) gezüchtet und »gestreckt«.

Im Goldfischaquarium, vor allem aber im Goldfischteich, liegt der günstigste Härtebereich um 15 °dGH. Im Rahmen dieses Wertes bleiben die Fischkiemen vor Problemen verschont, gleichzeitig wird größeren Algenplagen vorgebeugt. Wie Sie Wasser bei Bedarf enthärten können, verraten wir Ihnen gleich. Müssen Sie, was die große Ausnahme sein dürfte, sehr weiches Wasser aufhärten, dann verlassen Sie sich bitte nicht auf »Geheimrezepte« und ähnliche »gute« Ratschläge, sondern wenden Sie sich an einen der im Anhang unter »Wichtige Adressen« (Seite 88) aufgeführten Ansprechpartner.

Sehr weiche Leitungswässer kommen bei uns praktisch nicht vor, weshalb es hauptsächlich darum gehen wird, Härtebildner zu entfernen. Seit Jahrzehnten haben sich zu diesem Zweck mit Kunstharzen gefüllte Enthärtungsfilter bewährt, die negativ (Anion) oder positiv (Kation) geladene mineralische Teilchen (Ionen) anziehen und mit den Wasserbestandteilen Wasser- und Sauerstoff ersetzen. Diese Anlagen werden als **Ionenaustauscher** bezeichnet.

Verliert ein **Perl-schupper** eine seiner nach außen gebogenen – konvexen – Schuppen, wächst an ihrer Stelle eine ganz normale Schuppe nach.

Noch effektiver arbeiten **Umkehrosmoseanlagen**, die auch unerwünschte Umweltgifte (wir bekommen immer mehr davon »frei Haus« geliefert) hinter einer sehr dichten Membran zurückhalten. Beide Systeme verfügen über Vor- und Nachteile, sind in unterschiedlich dimensionierten Ausführungen mit verschiedenen Wirkungsgraden erhältlich und leider immer häufiger wirklich nötig. Ist das auch bei Ihnen der Fall, lassen Sie sich im Zoohandel und von einem Installateurbetrieb möglichst viele Modelle zeigen und anbieten. Vergleichen lohnt sich.

Die Menge des im Wasser gelösten Calciumcarbonats ist in der Gesamthärte bereits berücksichtigt. Trotzdem lohnt es sich, dessen Konzentration separat festzustellen. Oft macht diese sogenannte Karbonathärte den Löwenanteil der Gesamthärte aus. Andererseits ist auch sehr hartes und trotzdem karbonathärtefreies Wasser möglich.

Wichtig ist dieser Wert für uns vor allem, weil er erheblichen Einfluss auf den pH-Wert nehmen kann: Steigt die Karbonathärte, zieht sie den pH-Wert in einen für die Fische kritischen basischen Bereich. Aus diesem Grund hat man die Karbonathärte vor einiger Zeit in »Säurekapazität bis pH 4,3« umgetauft; wir bleiben aber bei der geläufigen Bezeichnung, an der sich auch alle handelsüblichen Messverfahren orientieren, und erfassen die Karbonathärte in °KH.

27

Der Gesamtammoniumgehalt

Unter diesem Begriff summiert man Stickstoffverbindungen, die als Endprodukte des Stoffwechsels hauptsächlich über die Kiemen der Fische, aber auch durch faulendes Futter, sich zersetzende Algen oder abgestorbenes »Plankton« ins Wasser gelangen. In den Filtern lebende Bakterien ernähren sich von Ammoniumverbindungen, die sie zu Nitrit »verdauen«, aus dem andere Bakterien dann relativ unschädliches Nitrat »machen«. Beide Vorgänge, die wir als **Nitrifikation** bezeichnen, können nur dann reibungslos funktionieren, wenn im Wasser genügend Sauerstoff gelöst ist. Ohne diesen wichtigen »Betriebsstoff« müssen die Bakterien verhungern, Ammoniak und Nitrit werden aufkonzentriert, der Filter verliert seine wichtige Funktion, und die Fische sterben.

Und wieder kommt der pH-Wert ins Spiel. Ammoniak und Ammoniumionen (sie bilden den Gesamtammoniumgehalt) stehen nämlich in einem engen Verhältnis, das vom pH-Wert abhängt und beeinflusst wird: Ab hohen pH-Werten von etwa 8 sinkt der Anteil des unbedenklichen Ammoniums, während der Ammoniakanteil steigt. Und Ammoniak ist ein sehr rasch wirkendes, starkes Zellgift, das vor allem die Kiemen angreift und den Stoffwechsel der Fische lähmt. Deshalb ist es notwendig, den Gesamtammoniumwert in einem nicht messbaren Bereich zu halten.

Genau genommen, ist dieser beliebte und wohl bekannteste einfarbige »Schleierschwanz-Goldfisch« ein **Fransenschwanz**, denn die Schwanzflossen-Ränder bilden keine gerade Linie.

Reinstes Gift: Nitrit

Abgestorbene Pflanzen- und Algenteile, Futterreste und die Ausscheidungen der Fische führen zu Stickstoffverbindungen, aus denen hauptsächlich im Filter lebende Bakterien unter der Beteiligung von Sauerstoff Nitrit »herstellen«. Nitrit ist ein hochwirksames Gift, das den Sauerstofftransport im Blut beeinträchtigt oder sogar völlig unterbricht. Logischerweise muss der Nitritgehalt des Wassers besonders überwacht werden.

Nitrit darf mit den uns zur Verfügung stehenden Methoden nicht messbar sein. Schon Konzentration ab 0,1 mg/l erfordern

Kometenschweif heißt dieser lebhafte und empfehlenswerte Teich-Goldfisch, bei dem nur die Bauch-, Brust- und vor allem die Schwanzflossen verlängert sind.

sofortige Gegenmaßnahmen, nämlich einen wenigstens 30-prozentigen Wasserwechsel.

Hohe Nitritkonzentration ist meistens das Ergebnis von Ungeduld. Wer mit dem Fischkauf nicht ein paar Wochen warten kann, bis Aquarium oder Teich samt Filter eingefahren sind und bis sich eine solide Kolonie der Filterbakterien aufbauen konnte, hat dann die Bescherung. Mit den vielen neuen Wasseraufbereitern und Filterstartern kann man zwar die Bakterienkultur »anstupsen«, die zu ihrer Entwicklung nötige Aufbauzeit aber nicht auf wenige Tage verkürzen. Wer vier bis (besser) acht Wochen auf die ersten Fische wartet, wird dieses Problem eher nicht kennen lernen.

Nitrat – ein Alarmsignal

Nitrat ist das vergleichsweise harmlose Endprodukt des Eiweißabbaus, das Ende der Bakterienfresskette. Höhere Konzentrationen entstehen nicht immer erst im Teich oder im Aquarium, viel zu häufig bekommt man sie als kostenlose Dreingabe zum Leitungswasser.

Zwar schreibt die Trinkwasserverordnung, insbesondere zum Wohl unserer Kinder, einen Höchstwert von 50 Milligramm Nitrat pro Liter Wasser vor, aber diese Grenze wird vor allem in Regionen mit intensiver Landwirtschaft oft erreicht und überschritten. In gesunden natürlichen Gewässern kommen selten über 5 mg/l Nitrate vor, aber in dicht besetzten und schlecht gepflegten Aquarien und Teichen kann man manchmal Werte von 500 mg/l und darüber messen, obwohl das vermeidbar ist. Und riskant dazu, denn ab einem Nitrat-

So sieht ein perfekter **eisenfarbener Oranda** aus – viele Individuen verlieren jedoch schon vor der Geschlechtsreife einen Teil ihrer Farbe.

Wenigstens ein Jahr, von einem Sommer zum nächsten, müssen Sie warten, bevor Ihre Goldfischnachzucht zeigt, ob und welche Farbenpracht in ihr steckt.

gehalt von 100 mg/l beginnt die Gefahr einer schlagartigen Reduzierung zu Nitrit, dem dann die Fische zum Opfer fallen.

Nitratanteile ab 100 mg/l sind ein untrügliches Zeichen für zu viele Fische, Überfütterung oder nachlässige Wasserpflege. Wie man dem vorbeugen kann?

1. Nitrate sind gute Pflanzendünger und werden dem Wasser durch Pflanzenwachstum entzogen. Regelmäßiges Zurückschneiden der Wasser- und Uferpflanzen und die Entnahme von Algen entziehen dem Wasser überschüssige Nährstoffe.
2. Weniger ist mehr – halten Sie sich, auch wenn Sie diesen und jenen noch gern dazu hätten, beim Fischbesatz zurück. Weniger Fische verstoffwechseln weniger Nahrung, wodurch der Stickstoffeintrag auf einem erträglichen Niveau bleibt.
3. Stickstoffverwertende Bakterien siedeln insbesondere auf Filteroberflächen. Grobe und großflächige Filtermedien unterstützen ihre nützliche Funktion. Sowohl im Aquarium als auch im Teich helfen sie den Bakterien, wenn sie »intelligente« Vorfilter verwenden, die groben Schmutz zurückhalten.
4. Regelmäßige Teilwasserwechsel, das heißt der wöchentliche oder längstens vierzehntägige Austausch von rund 30 Prozent des Wasservolumens, sind die zuverlässigste Versicherung gegen gefährliche Stickstoffkonzentrationen.

Futter bei die Fische

Jetzt müssen Sie wissen, dass Goldfischkiefer zahnlos sind. Aber weiter hinten, im Rachen, stehen kräftige Schlundzähne, die sich immerfort abnutzen und erneuern. Alles was Goldfische zu sich nehmen, zerdrücken und zermahlen diese Schlundzähne an dem ihnen gegenüber liegenden »Karpfenstein«, einer sehr massiven knöchernen Kauplatte. Goldfische können dank dieser Einrichtung große und kleine, harte und weiche, einfach jede Nahrung, wenn sie nur durch ihr Maul passt, aufschließen und verwerten.

Verwenden Sie aus dem wirklich riesigen Angebot an speziellem Markenfutter (die Haltbarkeit von Fischfutter ist endlich; kaufen Sie darum nur Packungsgrößen, die bald verbraucht werden. Und lassen Sie große Gebinde und in transparente Foliensäcke eingeschweißtes Futter auch dann liegen, wenn ein günstiger Preis lockt) Flocken nur für noch kleine Goldfische. Heranwachsende und große Exemplare können Sticks und Granulate (es gibt verschiedene Körnungen) besser aufnehmen. Diese sogenannten »Alleinfutter« genügen zwar, um Goldfische ausgewogen zu ernähren, sind auf die Dauer eine sehr langweilige Angelegenheit.

Gönnen Sie Ihren Fischen darum so oft es geht Abwechslung und bieten Sie ihnen tiefgefrorene Insektenlarven (als schwarze, rote und weiße Mückenlarven im Handel erhältlich) an. Noch besser ist Lebendfutter (Wasserflöhe und andere Kleinkrebse), das man mit einem Gazekescher aus Tümpeln und Teichen selbst fangen kann, nachdem man den jeweiligen Besitzer um Erlaubnis gefragt hat. Oder versuchen Sie es mit Paprika- und Möhrenstreifen, mit (gründlich gewaschenen) Salat- und Löwenzahnblättern – solche Leckerbissen halten Ihre Goldfische lange beschäftigt und vielleicht sogar davon ab, schöne Teich- oder Aquarienpflanzen zu zerstören.

Wieviel Sie füttern sollen? Weniger als Sie wahrscheinlich denken. Goldfische haben keinen Magen, alle Nahrung geht sofort in den langen Darm und wird sehr rasch umgesetzt. Mehrere kleine Portionen täglich (so klein, dass Sie fast schon ein schlechtes Gewissen bekommen) sind besser, als eine »große« Fütterung. Gerade die Zuchtformen mit gedrungenem Körper dürfen sich nicht überfressen: Der gefüllte Darm kann gegen die Schwimmblase drücken, so dass die Fische nur noch taumeln und manchmal sogar zeitweise in eine Rückenlage »verrutschen«. Und einmal in der Woche gibt es gar nichts!

31

Blume des Wassers

Die Geschichte des Goldfisches kennen wir so detailliert, weil sich sein Domestikationsprozess von Anfang an in einem kulturell hochentwickelten Land vollzogen hat. Seine fernöstliche Herkunft ließe sich freilich auch ohne jegliche Überlieferung unschwer erahnen, denn so manche seiner extravaganten Zuchtformen lassen uns spontan an den chinesischen Drachen denken. Überhaupt hat der Goldfisch genau die Heimat, die bestens zu ihm passt, denn China ist, wie jedes Kind weiß, nun einmal das Land skurriler und sympathischer Tiere. Peter Heimes hat lange in Peking gelebt und kann aus eigener Anschauung erzählen, welche Rolle Goldfische im China unserer Tage spielen.

Seine positiven Charaktereigenschaften sind es, die den Goldfisch für die Chinesen so liebenswert machen. Zwar hat man ihm äußere Merkmale des nicht weniger beliebten Drachen angezüchtet, er besitzt aber ein völlig anderes, im Gegensatz zum Drachen friedfertiges Wesen. Und er gilt als Glücksbringer bei diesem unverbesserlich abergläubischen Volk.

Zwar ist der Name »Blume des Wassers«, so sehen poetisch empfindende Chinesen den Goldfisch, in den bildenden Künsten, speziell der Tusche- und Aquarellmalerei, immer noch ein beliebtes Motiv, doch finden wir ihn heute meistens auf etwas profanere Weise dargestellt. So gibt es beispielsweise die Tradition, zum chinesischen Neujahrsfest die Haustür mit fröhlichen Goldfischbildern zu schmücken, denn dieses »Tier für alle Fälle« ist nicht nur zuständig für das Glück im allgemeinen, sondern es verspricht im besonderen eine gute Ernte beziehungsweise reichen Geldsegen für das kommende Jahr. In diesem Sinne werben auch Geschäfte und Kaufhäuser mit oftmals hauswandgroßen Goldfischtransparenten um Kundschaft.

Meistens begegnet man dem Goldfisch in China aber leibhaftig. Dazu muss man weder Zuchtanstalten noch Aquarienläden aufsuchen, obwohl sich das für einen Goldfischfreund natürlich empfiehlt. Wenn man sich gerade in einer Großstadt wie Peking aufhält, genügt normalerweise ein Spaziergang durch einen der zahlreichen Stadtparks, besonders im Frühling, denn dann wer-

Die Liebe zum Gold-
fisch paart sich in
Chinas Städten auf
merkwürdige Weise
mit der Begeisterung
für den Angelsport.

den die Teiche neu bestückt. Eigentlich ist der Goldfisch in China
kein Teichfisch mehr, wie in seinen Anfangszeiten, was hauptsächlich daran liegt, dass die Hochzuchtformen ohne intensive
menschliche Fürsorge nicht gedeihen. Was in den öffentlichen
Teichanlagen Pekings umherschwimmt, sind jedoch Setzlinge der
Ursprungsform oder aber Jungfische verschiedener Züchtungen,
die sich aller Voraussicht nach nicht vermarkten lassen, weil ihre
Anlagen zu wenig dem Standard entsprechen.

Die oft zu Tausenden ausgesetzten Fische sind aber nicht dazu
bestimmt, in ihrer neuen Umgebung auf glückliche Art alt zu werden. Die Liebe zum Goldfisch paart sich in Chinas Städten nämlich auf merkwürdige Weise mit der Begeisterung für den Angelsport, und so hat der Parkbesuch der Familie am Sonntag oft keinen anderen Zweck, als das heimische Aquarium mit
selbstgefangenen Goldfischen zu besetzen. Ein paar Wochen später sind die meisten Stadtteiche denn auch wieder fischfrei.

In einigen Großstädten, beispielsweise in Schanghai, Hangzou
oder Peking, hat man auch die Möglichkeit, Goldfische auf besonders kultivierte Weise zu betrachten. Dort gibt es nämlich, meistens zu einem Park oder Zoo gehörend, sogenannte Goldfisch-
galerien, in denen die mit exzentrischen Zuchtformen besetzten

Schon immer gehörten Goldfische zu den bevorzugten Motiven der chinesischen Tuschemalerei.

Pompon-Drachenaugen gehören zu den begehrtesten Pekinger Goldfischzüchtungen.

Aquarien ähnlich wie die Gemälde in einem Kunstmuseum arrangiert sind. Diese Art der Darstellung wirkt in China nicht geschmacklos, sondern entspricht im Gegenteil ganz der Rolle des Goldfisches als Gegenstand der Kunst und der Kontemplation.

In China las ich einmal, dass der Goldfisch in einem Drittel aller städtischen Wohnungen seine Runden dreht, wobei das mit den Runden wörtlich zu verstehen ist, denn die klassische »Goldfischglocke« ist hier noch längst nicht aus der Mode gekommen. Eine derartige Goldfischdichte findet sich, auch wenn man der Statistik nicht ganz glauben mag, sicher nirgendwo sonst auf der Welt.

Dabei ist der Goldfisch als Haustier in China durchaus nicht konkurrenzlos, und zwar hauptsächlich aus zweierlei Gründen. Chinesische Tierfreunde tragen ihre Lieblinge gern spazieren und sie wollen ihnen zuhören. Singvögel und Grillen kann man aber viel leichter mit aufs Fahrrad und in den Park nehmen als einen Goldfisch, und sie zwitschern und zirpen auch viel schöner. Was wiederum für den Goldfisch spricht, ist nicht zuletzt die Tatsache, dass er in der Bescheidenheit einer Durchschnittswohnung recht wenig Platz beansprucht, und schließlich ist er ein sehr sauberes Tier. Denn auch das zählt in einem Lande, in dem die Einmischung des Staates Prinzip, und, um ein naheliegendes Beispiel zu nennen, die Haltung von Hunden in Großstädten aus hygienischen Gründen strikt verboten ist.

Gold- und Aquarien-
fische kauft man in
Peking beim
Straßenhändler.

Rechte Seite:
Eisenfarbene und
rotgoldene **Orandas**
sind Exportschlager
der chinesischen
»Goldfischindustrie«.

Die Zucht erstklas-
siger Goldfische ist
auch heute noch
eine Herausforde-
rung.

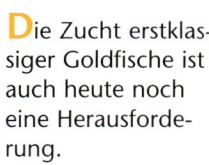

Natürlich hilft der Goldfisch heute kräftig mit, die Außenhan-
delsbilanz positiv zu gestalten. Dennoch bleibt ein beträchtlicher
Teil auch der wertvolleren Hochzuchten im Lande, um den hier
vorhandenen Bedarf zu decken.

Die Entstehungsgeschichte der chinesischen Aquaristik ging
logischerweise mit derjenigen des Goldfisches einher. Viele Aquarianer interessieren sich heutzutage aber mehr für tropische
Fische, deren Auswahl beständig zunimmt. Sogar die Mee-
resaquaristik findet in den Großstädten dank technischer Verbes-
serungen des Zubehörs immer mehr Anhänger. Obwohl sich hier
also ein deutlicher Wandel vollzieht, gibt es doch immer noch
zahlreiche »ernsthafte« Aquarianer, für die die Zucht erstklassiger
Goldfische eine Herausforderung ist.

Und selbstverständlich ist die Motivation dort am größten, wo
es der erfolgreiche Hobbyzüchter versteht, seine Goldfische zu
versilbern. Das kann er zum Beispiel auf dem Straßenmarkt versuchen, wo er seine Emailleschüssel, in denen viele Zuchtformen
übrigens recht gut zur Geltung kommen, kurzerhand zwischen
dem Stand des Vogelhändlers und dem Verkäufer von Grillenzu-
behör platziert. Wer aber wirklich wertvolle Ware anzubieten hat,
muss, um zahlungswillige Kundschaft zu finden, schon wenigstens einen schrankgroßen Platz in einem der Aquarienmärkte
anmieten, und zwar möglichst in einem, der ganz auf Goldfische
spezialisiert ist. Hier schlägt auch das Herz des wahren Liebhabers
höher, denn dies ist ein Ort, an dem die »Blume des Wassers« ihre
ganze Pracht entfaltet.

Ein Aquarium für Goldfische

Möglicherweise ist Ihr Wunsch nach Goldfischen zugleich Ihr erster Kontakt mit der kaum noch überschaubaren Welt der Aquaristik? Dann werden Ihnen bei Ihrem ersten Besuch in der Aquarienabteilung einer Zoohandlung die Augen übergehen ob dem verwirrend vielfältigen Angebot. Hier die richtige Wahl zu treffen, fällt sogar einem Profi schwer.

Aquarien gibt es in jedem Zoogeschäft, eingehende Beratung nicht immer. Es lohnt sich deshalb, länger nach dem »richtigen« Laden zu suchen.

Fangen wir damit an, Sie zu warnen: vor nur scheinbar günstigen Gelegenheiten, vor schlechten Ratgebern und vor traditionell verbreiteten, aber trotzdem dummen Ansichten über Goldfische und ihre Bedürfnisse. Geben Sie nämlich bekannt, dass Sie sich entschlossen haben Goldfische anzuschaffen, werden Sie mit der völlig unerwarteten Feststellung konfrontiert, dass es in Ihrer Umgebung von »Goldfischexperten« nur so wimmelt. Liebenswerte Zeitgenossen, denen Sie allenfalls ein Briefmarkenalbum oder einen Modelleisenbahntick zugetraut hätten, wissen plötzlich dies und das und überschütten Sie mit Hinweisen, Tips und »Geheimrezepten« – hören Sie einfach nicht hin.

Wirklich erfahrene Fischfreunde, Aquarianer oder Teichbesitzer sind eher zurückhaltend und äußern sich eigentlich nur dann, wenn Sie wirklich etwas zu sagen wissen. Ihre wenigen wertvollen Ratschläge hören sich nicht wie »Vorschriften« an, sondern beziehen sich immer auf konkrete Situationen und beginnen zurückhaltend mit: »Nach meinen Erfahrungen habe ich Grund zu der Annahme, dass…« oder ähnlich. So einen Menschen in seiner Nähe zu wissen ist, vor allem, wenn es einmal wirklich »brennt«, nicht mit Gold aufzuwiegen.

Wieviel Wasser braucht ein Goldfisch?

Eine der häufigsten Falschinformationen lautet: »Fische passen ihr Wachstum der Aquariengröße an.« Das ist nun wirklich schierer Blödsinn! Fische wachsen nicht oder besonders langsam, weil sie

38

Weniger ist mehr!
Ein paar Bambusstä-
be und Vallisnerien
genügen als Einrich-
tung für ein attrakti-
ves Goldfisch-Aquari-
um; schließlich sol-
len die Fische im
Mittelpunkt stehen.

falsch gehalten, schlecht gefüttert und miserabel gepflegt werden. Natürlich gilt das auch für Goldfische. Pflegt man sie sach-
verständig und aufmerksam, erreichen sie – egal wie eng oder
geräumig das Aquarium ist – meistens in drei bis vier Jahren ihre
Endgröße. Und über die sollte man sich keinen Illusionen hinge-
ben.

Wer nur die fingerlangen Junggoldfische im Verkaufsbecken
kennt, macht sich davon, wie diese Fische erwachsen aussehen,
vielleicht falsche Vorstellungen. Tatsächlich werden auch die Formen und Varianten, die wir Ihnen nachher für das Aquarium vor-
schlagen, stattliche Fische mit Körperlängen – ohne Flossen – zwischen 10 und 15 Zentimetern und manchmal auch darüber. »Kleine Fische«, sagen Sie? Dann nehmen Sie, bitte schön, doch
einmal einen Zollstock oder ein Lineal zur Hand. Aha, jetzt haben
Sie schon einen ganz anderen Eindruck von zehn Zentimetern?
Und wenn das Lineal schon einmal vor Ihnen liegt, rechnen Sie
ruhig noch mindestens drei Viertel der erdachten Körperlänge
dazu: Soviel macht die durchschnittliche Länge der Schwanzflos-
se(n) aus.

Auf eine weitere Aussage, nicht weniger schlichtsinnig als die
vorherige, wollen wir Sie vorbereiten. Sie ist deshalb besonders
gefährlich, weil sie eine verbindliche »Regel« auszudrücken
scheint: »Ein Zentimeter Fisch pro Liter Wasser«. Selbstverständlich ist auch das nur Quatsch! Rechnen Sie doch einmal nach. In
einem 100 Liter Wasser fassenden Aquarium – das entsprechende
Standardbecken ist 80 Zentimeter lang – könnte man demnach

Klotzen, nicht kleckern: Goldfische brauchen große Aquarien!

100 Zentimeter Fische unterbringen. Und Fische wachsen ja nicht spindeldürr in nur eine Dimension; sie sind auch breit und hoch und wollen sich ab und zu bewegen. Also vergessen wir auch dieses Märchen.

Von uns jedenfalls werden Sie nicht hören, wie viele Fische dieses oder jenes Aquarium verträgt. Wir vertrauen auf Ihren gesunden Menschenverstand und darauf, dass Sie es als angehender Goldfischfreund mit der Ästhetik haben. Goldfische sind nämlich nur dann schön, prächtig und elegant, wenn wir sie in einem großzügigen Rahmen betrachten. Wenn sie ihre Flossen unbehindert entfalten können, auf ihre einmalige ruhige Art durchs Wasser schweben und nicht dauernd irgendwo anstoßen. Wir haben uns verstanden?

Fest steht: Fische solchen »Kalibers« brauchen Platz und ein großes Aquarium. Damit sind wir bei den »günstigen Gelegenheiten«, das heißt bei den verlockenden »Einsteigersets«: Aquarien, komplett mit allem möglichen Zubehör ausgestattet und zu einen lukrativen Kaufpreis. Nur, alle diese 60 oder 80 Zentimeter kurzen Aquarien sind für die dauerhafte Goldfischpflege viel zu klein. Wenn Sie Ihre Fische gut pflegen werden – von nichts anderem sind wir überzeugt –, müssen Sie spätestens nach einem Jahr ein größeres Aquarium erwerben nebst neuem, den anderen Abmessungen und Volumen entsprechendem Zubehör. Gespart haben Sie an dem nur hypothetisch preiswerten Einstieg letztendlich gar nichts.

Also klotzen Sie, statt zu kleckern! Unter dem Standardmaß 100 x 50 x 40 Zentimeter (Länge x Höhe x Tiefe) mit einem Volumen von 200 Litern sollten Sie nicht beginnen. Noch besser eignen sich zwei weitere Standardgrößen, nämlich das »klassische«

Goldfische sind für die Draufsicht gemacht. Viele chinesische Rassebezeichnungen, wie »Himmelgucker«, »Krötenkopf« oder »Pfauenschwanz«, versteht man erst, wenn man diese Fische von oben betrachtet.

250-Liter-Aquarium (100 x 50 x 50 Zentimeter) oder, fast schon ideal, ein Aquarium mit den Abmessungen 120 x 50 x 50 Zentimeter, das 300 Liter Wasser fasst.

Folgen Sie unserem gut gemeinten Ratschlag, ersparen Sie nicht nur Ihren Goldfischen die versäumbaren »Erfahrungen« des Batteriehuhndaseins, sondern sich selbst auch eine Menge Arbeit und Sorgen. Je mehr Wasser ein Aquarium enthält, desto leichter fällt die ganze Geschichte. Größere Wassermengen lassen sich besser unter Kontrolle halten, mit geringerem Zeitaufwand pflegen und haben noch andere Vorteile: Sie können große Aquarien phantasie- und sinnvoller einrichten als kleine und eine Reihe prächtiger Wasserpflanzen einsetzen, die in kleinen Behältern eher kümmern, auf gar keinen Fall aber ihre ganze mögliche Pracht entfalten.

Standortbestimmung

Sicher haben Sie schon eine sehr konkrete Vorstellung davon, wo Sie das Goldfischaquarium aufstellen wollen. Wir haben nicht die Absicht, Ihnen bei dieser individuellen Frage groß hineinzureden. Aber ein paar Gesichtspunkte sollten Sie, wiederum zur Vorbeugung von Schwierigkeiten und Ärger, beachten.

Stehen Aquarien nahe an Fenstern, so dass sie über eine längere Zeit des Tages vom einfallenden Sonnenlicht erreicht werden, haben festsitzende und frei im Wasser schwebende Algen leichtes Spiel. Sie zu bekämpfen, ohne dabei den Pflanzen und Fischen zu

**Wie lange
dauert ein
Goldfischtag?**

Goldfische sind – eine weitere Parallele zu uns Menschen –
»Gewohnheitstiere«. Wenn die Aquarienbeleuchtung immer
zur gleichen Zeit ein- beziehungsweise ausgeschaltet wird,
merken sie sich diese Zeiten sehr genau und richten ihren
Tagesablauf daran aus. Deshalb, und weil sie in dieser Hinsicht
zuverlässiger arbeiten als selbst der pingeligste Aquarienbesitzer, raten wir Ihnen zu einer Zeitschaltuhr, die Ihnen diese täg-
liche Routine abnimmt. Ändern Sie die Beleuchtungsdauer
ebensowenig wie die Ein- und Ausschaltzeiten, sondern
berücksichtigen Sie Sommer- und Winterzeit schon bei der
ersten Einstellung. Und gönnen Sie Ihren Goldfischen (und den
Wasserpflanzen) mindestens zehn, besser zwölf Stunden Hellig-
keit. Aquarienfreunde beleuchten in der Regel von zwölf Uhr
mittags bis Mitternacht.

schaden, ist eine Sisyphusarbeit, an der auch ein nervenstarker
Charakter verzweifelt.

Ebensowenig sollten Goldfischaquarien in der unmittelbaren
Umgebung von Heizkörpern stehen, weil sonst ungünstige Temperaturschwankungen auftreten.

Sie schützen Ihre Goldfische vor vermeidbarem (ungesundem)
Stress, wenn Sie ihnen einen Standort neben Türen und anderen
Durchgängen ersparen.

Auch das noch: Zu den Kleinigkeiten, die man bei Aufstellen
eines Aquariums gern vergisst, gehört die Notwendigkeit mindestens einer Steckdose. Denken Sie gleich daran, müssen Sie sich
nicht jahrelang über unschöne Verlängerungskabel ärgern.

Machen Sie sich
rechtzeitig Gedan-
ken über die Verle-
gung von Kabeln
und Schläuchen!

Aquarien, die nicht als Raumteiler dienen (übrigens eine sehr
reizvolle Lösung der Standortfrage), haben eine Vor- und eine
Rückseite. Natürlich ist diese Feststellung banal. Wer aber nicht
ständig durch das Aquarium auf die Tapete, herabhängende Fil-
terschläuche oder anderen »Kabelsalat« blicken mag, wird
»etwas« mit der hinteren Aquarienscheibe machen wollen.

Im Zoohandel gibt es ein reichhaltiges Angebot an Rückwän-
den aus ungiftigem Material, die man an der Innenseite der hinteren Aquarienscheibe mit Saugnäpfen oder Silikonkleber befe-
stigt. Von Naturkork bis zu sündhaft teuren (Tropen-)naturidenti-
schen, dreidimensionalen Kunststoffpanoramen ist praktisch alles
vertreten. Erheblich preiswerter sind die ebenfalls vom Zoohandel
angebotenen Fotohintergründe, Bildtapeten, die man sich passend zuschneiden kann, von außen aufklebt, und die in der Regel

besonders schön eingerichtete und bepflanzte andere Aquarien darstellen.

Wofür man sich entscheidet, ist eine reine Geschmacksfrage. Einfarbiger Fotokarton (schwarz »kommt« am besten) oder eine gefärbte Styroporplatte erfüllen den gleichen Zweck, oder man bastelt sich eine andere Lösung aus Bambus, Korkplatten, Grastapete, aufgeklebtem Herbstlaub – es gibt so viele ansprechende Möglichkeiten.

Licht und Schatten

Für alle Aquariengrößen passend, kann man bündige Abdeckungen mit bereits eingebauten, spritzwassergeschützten und feuchtigkeitsdichten Fassungen für Leuchtstoffröhren kaufen. Bei den von uns empfohlenen großen Aquarien sind meistens Halterungen für zwei Röhren installiert, mit denen das Becken sehr gut ausgeleuchtet und genügend Licht für einen soliden Pflanzenwuchs ausgestrahlt wird. Engagierte Heimwerker wollen so eine

Entscheidend für den Eindruck, den Goldfische im Aquarium machen, ist unter anderem die Lichtfarbe. Sparen Sie an anderer Stelle und leisten Sie sich und Ihren Fischen die bestmöglichen Leuchtmittel.

Kalk	Enthalten Sand, Kies oder als Dekoration eingebrachte Steine Kalk, härten sie das Wasser auf und bringen damit meist auch den pH-Wert in den basischen Bereich. Vielleicht haben Sie bereits über den Salzsäuretest gelesen, der kalkhaltiges Gestein zum Schäumen bringt. Vermutlich haben Sie aber bereits ein geeignetes »Reagenz« in Ihrem Haushalt: Die Entkalkungslösung für Ihre Kaffemaschine verrät auch bei Sand und Gestein vorhandenen Kalk durch Blasenbildung.

Abdeckung womöglich selbst zusammenbauen, denken aber bitte daran, dass die Kombination von Wasser und Elektrizität mit Gefahr für Leib und Leben verbunden ist. Zeigen Sie Ihren Eigenbau in jedem Fall einem Elektrikermeister, bevor Sie den entsprechenden Stecker zum ersten Mal anschließen!

Goldfischaquarien können auch ohne Abdeckung betrieben werden. Oben offene Becken, aus denen Pflanzen hoch in den Raum ragen, sind sogar besonders attraktiv und tragen zu einer ausgeglichenen Luftfeuchtigkeit bei. Man muss sie mit Lampen beleuchten, die in einem bestimmten (Sicherheits-)Abstand darüber hängen. Gut geeignet sind Pendelleuchten, die mit Halogen- oder Quecksilberdampfleuchtmitteln bestückt sind. Sogenannte »Pflanzenstrahler«, wie sie in Gewerberäumen oft über Hydrokulturen baumeln, genügen für unseren Zweck nicht.

Wichtig ist die Lichtfarbe. Halogen- und Quecksilberdampflampen sind besonders hell (manchmal auch grell, und sie werden besonders heiß) und simulieren die Tageslichtsituation sehr gut. Dagegen hat man bei Leuchtstoffröhren die Qual der großen Auswahl unter einer Vielzahl speziell für die Aquaristik konzipierter Lichtfarbenmischungen, mit denen insbesondere der Wasserpflanzenwuchs begünstigt werden soll. Bei der Pflege tropischer Aquarienpflanzen mögen sie zweckmäßig sein, aber Goldfische wirken unter manchen Röhren mit blauem, violettem oder rotem Spektrum wie skurrile Karikaturen. Unter Röhren mit den Lichtfarbenbezeichnungen »warmweiß« beziehungsweise »soft white«, sehen sie dagegen wie Goldfische aus.

Gönnen Sie Ihren Goldfischen weichen und feinen Sand statt Kies.

Nicht so grob: Bodengrund

Erich Schaller, der vor vielen Jahren unter dem Titel »Boshafte Aquarienkunde« eine sehr gelungene Satire über dieses Hobby

44

Goldfischaquarien brauchen keine Abdeckung, wenn sie an einer ruhigen Stelle stehen, an der die Fische nicht ständig gestört oder erschreckt werden.

geschrieben hat, meinte, er sei selbst gescheit genug, als dass er sich von irgendwem sagen lassen müsste, der Sand wäre die unterste Schicht in einem Aquarium. Wir wollen Ihrem Intelligenzquotienten nicht zu nahe treten, lassen diesen in Aquaristikfibeln häufigen Hinweis darum aus. Aber über die Art des Bodengrundes sollten wir reden.

Überwiegend bietet der Zoohandel abgepackten Quarz- oder Flusskies mit einer Körnung von zwei und mehr Millimetern an. Besonders der maschinell gebrochene Quarzkies verfügt über scharfe Kanten, an denen sich die gründelnden Goldfische Lippen und Maul verletzen können. Solche zuerst kleineren Blessuren führen nicht selten zu Sekundärinfektionen, die man durch die sorgfältige Auswahl geeigneteren Bodengrundmaterials verhindern kann.

Wir raten Ihnen zu Sand. Wer das Glück hat, in der Nähe eines größeren Bachs oder Flusses zu wohnen, kann ihn – womöglich unter Einsatz von »Kinderarbeit« – selbst beschaffen. Es darf aber auch »Spielsand« aus dem Heimwerkermarkt sein. In beiden Fällen müssen Sie den Sand gründlich und so lange reinigen, bis sich das Spülwasser nicht mehr färbt. Eventuell haben Sie anderswo

45

Allen hier vorgeschlagenen Aquarienpflanzen (und den allermeisten anderen auch) genügt eine Bodengrundhöhe von etwa fünf Zentimetern. Weil Goldfische gründeln müssen, um sich wohl zu fühlen, wird ein aus mehreren Schichten verschiedenen Materials bestehender Bodengrund bald umgeschichtet und ist nicht zu empfehlen.

Verzichten Sie vor allem auf Substrate mit »eingebautem« Dünger und ähnliche Produkte. Die meisten Aquarienpflanzen nehmen einen Großteil ihrer Nährstoffe über das Blattgewebe auf, weshalb sich (nur) für den Fall, dass sie wirklich nicht wachsen, ein spezieller Flüssigdünger lohnt. Setzen Sie zunächst erheblich weniger Pflanzen ein, als es eigentlich Ihren Vorstellungen entspricht. Wasserpflanzen wachsen oft schneller als man für möglich hält und müssen oft zurückgeschnitten werden.

gelesen, dass Sand relativ rasch verklebt und sich darin für Fische und Pflanzen schädliche »Faulgase« entwickeln. Das ist nicht der Fall, wenn sie bei jedem Wasserwechsel eine Mulmglocke am Schlauch befestigen, mit der man den Sandboden lockert und quasi »entlüftet«.

Ihr Goldfischaquarium können Sie prinzipiell genau so einrichten, wie es Ihnen gefällt. Goldfischen ist es vollkommen gleichgültig, ob ein Gartenzwerg im Aquarium steht, ein Schiffswrack aus Plastik oder eine Schatztruhe samt Piratengeripe, aus der Luftblasen blubbern. Im Wiener »Haus des Meeres« konnte man sogar schon ein »Korallenriff« aus Lego-Steinen bestaunen, und manches Schauaquarium fand es früher schick, chinesisches Porzellan in Goldfischbecken zu versenken – den Fischen war es jedesmal egal.

Achten müssen Sie aber auf das Material der Einrichtung. Gestein, das Härtebildner (Kalk, siehe Kasten auf Seite 44) abgibt oder über metallische Einschlüsse verfügt, muss draußen bleiben. Möchten Sie Wurzeln verwenden, macht das teure Moorkien- oder Wurzelholz aus dem Zoogeschäft Sinn, weil in selbst gesammeltem Holz, auch wenn es lange im Wasser lag, noch allerhand »verwesen« kann. Bambus- und Tonkinstäbe sind ideale Einrichtungsgegenstände, wenn sie nicht mit wasserbelastenden Lasuren behandelt sind.

Schließlich achten Sie bitte darauf, dass scharfe Kanten Verletzungsrisiken darstellen und sich Goldfische zwischen Steinspalten und engen Wurzelgeflechten leicht verfangen können. Und übertreiben Sie es nicht; Ihre Goldfische brauchen vor allem Schwimmraum.

Ein Aquarium ohne Pflanzen...

…ist wie eine Wüste ohne Sand. Wasserpflanzen geben jedem Aquarium erst die besondere »Atmosphäre« und unterstützen die optischen Reize von Goldfischen. Aber jetzt kommt die Sache mit dem Pferdefuß: Goldfische vergreifen sich gelegentlich an den zarten Trieben und Blättern. Sie tun das nicht ständig, doch irgendwann überkommt wohl jeden Goldfisch der Drang, von einer Pflanze zu probieren – und wenn es ihm schmeckt, haben Sie den Salat.

Im Futterkapitel geben wir Ihnen ein paar Tips, wie man die Lust auf frisches Grün anders befriedigen kann. Eine weitere Möglichkeit ist die Auswahl geeigneter Wasser- und Sumpfpflanzen, denen Goldfische nicht schaden, weil sie ihnen nicht schmecken oder deren stabile Blätter sie nicht zerbeißen können. Eine ganze Reihe von Pflanzensorten, die der Zoohandel ständig für die Warmwasseraquaristik feilbietet, eignen sich auch zur Kultur in ungeheizten Aquarien ab etwa 18 °C.

Vallisnerien (*Vallisneria* sp.) mit ihren langen und breiten Blättern, die aufrecht bis zur Wasseroberfläche ragen oder sogar auf ihr treiben (flottieren), wuchern unter diesen Bedingungen regelrecht, bilden dichte Gruppen und müssen oft gelichtet werden.

Von ähnlichem Aussehen und gleicher Wuchsfreunde ist die **Hakenlilie** (*Crinum natans*), eine richtige Zwie-

Für Miniaturteiche eigenen sich alle möglichen Gefäße; der Phantasie sind praktisch keine Grenzen gesetzt. Aber denken Sie daran: Auch bei dieser Art der Goldfischpflege muss das Wasser ständig gefiltert und regelmäßig gewechselt werden.

Es kann sein, dass Ihre Goldfische einen kaum stillbaren Appetit auf Grünes entwickeln und Sie die Aquarienpflanzen gar nicht schnell genug nachkaufen können. Ob Sie dann auf Pflanzenimitate aus Kunststoff ausweichen wollen, ist zuallererst eine Frage Ihres persönlichen Geschmacks. Immerhin wollen wir nicht unerwähnt lassen, dass es Plastikpflanzen für Aquarien gibt – und bei weitem weniger hässliche, als es früher einmal der Fall war.

Rechts:
Das Aussehen von Goldfischaquarien hängt auch von der Auswahl geeigneter Wasserpflanzen ab. Glücklicherweise gibt es viele schöne Sorten, die den Goldfischen nicht schmecken.

Düngen Sie Aquarienpflanzen nur dann, wenn sie nicht mehr wachsen. Regelmäßige Düngung belastet das Wasser zusätzlich.

belpflanze aus der Narzissenverwandtschaft. Offenbar schützt sie ihre langen Blätter durch bitteren Geschmack, denn kein Fisch vergreift sich an ihnen mehr als einmal.

Auf die gleiche Weise bewahrt sich die **Zwergteichrose** (*Nuphar pumila*) vor Fressfeinden. Verwendet man Leuchtstoffröhren, entstehen viele hellgrüne Unterwasserblätter, unter dem stärkeren Halogenlicht manchmal auch Schwimmblätter, die etwas an Seerosen erinnern.

Feste dicke Blätter schützen die **Speerblätter** (*Anubias barteri*) vor Verbiss. Speerblätter stammen aus Westafrika, wachsen aber in warmem wie kühlem Wasser gleich langsam. Es gibt verschiedene Normal-, Zwerg- und Riesenwuchsformen mit verschieden großen, stets kräftig grünen Blättern. *Anubias* sind »Aufsitzer«, deren Wurzeln man an einem Substrat befestigen muss und nicht in den Bodengrund setzen darf. Besteht die Möglichkeit, wachsen Speerblätter über die Wasseroberfläche hinaus und entwickeln dort kleine weiße Blüten, die an Flamigoblumen erinnern.

Sogar ein aus dem subtropischen Südamerika stammender **Froschlöffel** namens *Echinodorus cordifolius* wächst im ungeheizten Aquarium zu einer prächtigen Solitärpflanze heran, bildet rasch lange Stengel und handtellergroße Blätter im Luftraum darüber und wunderschöne Blütenrispen.

Nicht vergessen wollen wir eine Schwimmpflanze für das nicht abgedeckte Aquarium, die sich mit luftgefüllten »Ballons« an der Oberfläche hält und häufig auch blüht, die **Wasserhyazinthe** (*Eichhornia crassiceps*). Ihre ins Wasser ragenden, faserigen Wurzeln, die für »Urwaldstimmung« sorgen, fressen selbst Goldfische nicht.

Sie können mehr versuchen. Auch **Cyperngras** und sogar **Papyrus** sind eine Möglichkeit, oder Sie befestigen die vorher gründlich ausgewaschenen Wurzeln einer **Efeutute**, eines **Fensterblattes** im Aquarium.

Abenteuer Aquarientechnik?

Nicht alles, was Strom »frisst« und an ein Aquarium angeschlossen werden kann, ist wirklich nötig. Manchmal hat man sogar den Eindruck, besonders großformatige, komplizierte und selbstverständlich »durchgestylte« Apparaturen erfüllen eher statussymbolische Zwecke als irgendeinen realen Nutzen. Um eine zweckmäßige technische Grundausstattung kommen Sie aber nicht herum. Unsere Grundregel lautet: Das Zeug muss funktionieren, praktisch und strapazierfähig sein.

Sie brauchen ein **Thermometer**: Schwimmfähige Alkoholthermometer aus Glas oder hauchdünne aus Folie, die auf die Außenseite des Aquariums geklebt werden, reichen völlig aus. Exakt und geeicht sind beide nicht, Messungenauigkeiten von ± 1 bis 3 °C die Regel. Trotzdem genügt ihre Signalfunktion, denn eklatante Temperaturschwankungen kann man von ihnen allemal ablesen.

Kein Aquarienbesitzer kommt ohne **Scheibenreiniger** aus. Das ist eine scharfe Klinge oder Reibfläche, die Algen von den Aquarienscheiben raspelt, ohne dabei das Glas zu zerkratzen (was einem, nebenbei gesagt, schon mit einem rauhen Schwamm bestens »gelingt«). Es gibt verschiedene Typen mit langen Stielen aus brüchigem Plastik oder stabilen Metall und praktische Magnetreiniger, bei denen man sich nicht einmal die Finger nass machen muss. Für welches »Fabrikat« Sie sich auch entscheiden, Sie sollten das Gerät schon besitzen, wenn Sie das erste Wasser ins Aquarium füllen.

Eine **Heizung** für das Goldfischaquarium ist nicht nötig. Zwar sind die empfindlichen Schleierschwänze und Löwenköpfe beileibe keine »Kaltwasserfische«, aber die Physik hilft heizen. Aquarienwasser gleicht seine Temperatur immer und rasch der des Raumes an, in dem das Aquarium steht. In modernen Wohnungen und Häusern, rundum wärmegedämmt und mit hermetisch isolierenden Fenstern und Türen ausgestattet, fällt die Raumtemperatur selten unter 18 °C. Meistens befindet sie sich im Rahmen der Vorzugstemperaturen der Goldfische.

Wieviel Technik nötig ist? Weniger als Ihnen mancher Verkäufer einreden möchte.

Fangen Sie vor allem Schleierschwanz-Goldfische niemals mit einem Netz, sondern verwenden Sie immer ein größeres Gefäß. Sie ersparen Ihren Fischen damit Verletzungen und Todesangst.

Natürlich benötigen Sie auch ein **Netz**, aber nicht um damit Fische aus dem Wasser zu heben. Wenn das (so selten wie möglich) nötig sein sollte, treiben Sie den Fisch mit dem Netz in einen größeren **Messbecher**, so dass er während der gesamten Aktion nicht »trocken fällt«. Sie ersparen ihren Fischen damit unnötige Panik und »Todesangst«.

Nützlich ist das Netz, um damit tote Fische (das kommt leider auch vor) und größere welke Pflanzenblätter zu entfernen. Entscheiden Sie sich für eine möglichst große und vor allem engmaschige Ausführung. Verfängt sich ein Goldfisch nämlich versehentlich doch im Netz, können sich seine Schuppen, Flossenstrahlen und Kiemendeckel darin verhaken – ein mittels weicher und enger Maschen leicht vermeidbares Verletzungsrisiko.

Eine **Membranluftpumpe** sollten Sie auch dann immer in Reserve haben, wenn Sie keinen luftbetriebenen Filter verwenden. Kritische Situationen (Sauerstoffmangel, Überhitzung, erste Anzeichen einer Infektion) lassen sich nämlich sehr oft mittels einer kurzfristigen aber starken Durchlüftung über einen **Ausströmer** »entschärfen«.

51

Entscheiden Sie sich für die luftbetriebene Filterung, brauchen Sie auf jeden Fall ein grundsolides, belastbares und deshalb niemals preiswertes Modell. Die Investition lohnt sich schon deshalb, weil billige Pumpen Elektrizität in wenig Druckluft und jede Menge Lärm transformieren. Und vergessen Sie nicht ein **Sicherheitsventil**; es verhindert bei Pannen den Wassereinlauf in das Pumpengehäuse.

Für den wöchentlichen Teilwasserwechsel und die damit verbundene Entfernung gröberer Verunreinigungen, brauchen Sie einen **Schlauch** (er muss mindestens so lang sein, dass ein Ende bis in den hintersten Aquarienwinkel reicht, während das andere noch auf dem Fußboden aufliegt), eine **Mulmglocke** und eine **Gießkanne**. Entscheiden Sie sich für einen transparenten weichen (Silikon-)Schlauch mit einem Innendurchmesser von eineinhalb Zentimetern. Damit lassen sich selbst größere Schmutzteilchen bequem absaugen, und wenn es einmal zu einer Verstopfung kommt, wissen Sie, wo sie sie entfernen müssen. Angesaugt wird dabei nach Küfermanier; für alle, die sich davor fürchten, versehentlich Aquarienwasser zu trinken, bieten einige Hersteller gummiballähnliche Ansaughilfen an.

Mittlerweile gibt es auch schon Mulmglocken mit eingebauten Ansaughilfen und außergewöhnlichem, sagen wir »futuristischem« Aussehen. Das Prinzip ist bei allen Modellen gleich. Mulmglocken sind hohe Zylinder mit einem deutlich größeren Querschnitt, als sie der Schlauch, auf den sie gesteckt werden, besitzt. Dadurch ist die Sogwirkung im Innern des Zylinders geringer als im Schlauch. Hält man die Glocke über verschmutzte Bodenstellen, werden leichte Schmutzteilchen angesaugt, aber der Sand bleibt liegen. Zur »Entlüftung« eines feinen Sandbodens bohrt man das Gerät in ihn hinein, der Sand wird aufgewirbelt, Lufteinschlüsse und Verschmutzungen gelangen in den Schlauch und der Sand fällt, wenn man den Zylinder anhebt, an die ihm bestimmte Stelle zurück.

Statt des üblicherweise angepriesenen Eimers empfehlen wir Ihnen eine Zehn-Liter-Kunststoff-Gießkanne für den Teilwasserwechsel. Erstens schwappt sie auf dem Weg zum Ausguss nicht so leicht über, zweitens taugt Aquarienwasser ganz ausgezeichnet als düngendes Gießwasser für Zimmer- und Gartenpflanzen und schließlich gelingt auch das Auffüllen von frischem Wasser besser und »eleganter«. Natürlich ist diese Gießkanne ausschließlich für den Wasserwechsel reserviert und kommt niemals mit Pflanzendünger oder Reinigungsmitteln in Berührung.

Mulmglocken gehören mit zu den nützlichsten und unentbehrlichsten Gerätschaften, die man sich für die Aquarienpflege ausgedacht hat.

Damit Ihre Goldfische so gesund und munter aussehen wie dieser makellose **Shubunkin-Kometenschweif**, müssen Sie eine ständig ausreichende Sauerstoffversorgung des Wassers sicher stellen.

Der Filter lebt!

Filter sind das »Herz« eines jeden Aquariums, sozusagen das wichtigste »Organ«, und erfüllen drei Funktionen. Ihre vordergründige Aufgabe besteht darin, wie ein feines Sieb Schmutzpartikel abzufangen und vorübergehend zu lagern. Wie gut ihnen das gelingt, hängt weniger von ihrer Durchzugskraft als von dem verwendeten Filtersubstrat ab, das gut aussieben muss, gleichzeitig aber nicht verstopfen darf. Darüber hinaus, wir haben es im Wasserkapitel bereits angedeutet, siedeln sich im Filter Bakterien an, die schädliche im Wasser gelöste Abbauprodukte »fressen« und zu weniger schädlichen eigenen Stoffwechselprodukten »verdauen«. Auch in dieser Hinsicht ist die Leistungsfähigkeit des Filters vom Substrat abhängig. Schließlich sorgt der Filter für die Umwälzung des Wassers, verhindert unterschiedliche Temperaturzonen und begünstigt den Gasaustausch, die »Atmung« des Wassers.

Wasser kann nämlich nur über den Luftkontakt seiner Oberfläche Sauerstoff aufnehmen beziehungsweise Kohlendioxid oder gasförmigen Stickstoff »ausatmen«. Das funktioniert umso besser, je mehr die Wasseroberfläche bewegt wird.

Alle diese Funktionen kann bereits ein einfacher **luftbetriebener Schaumstoff-Innenfilter** übernehmen, den es auch in Ausführungen für Aquarien bis zu 250 Liter Volumen gibt. Eine aus verschiebbaren Kunststoffröhren zusammengesteckte Mammut-

Jeder Innenfiltertyp hat im Goldfischaquarium eine äußerst begrenzte Standzeit.

pumpe saugt das Aquarienwasser durch ein Stück feinporigen Schaumstoffs, auf dessen Oberfläche sich der Schmutz ablagert, während die Nitrifikationsbakterien in seinem Inneren »arbeiten«. Dieser »biologische« Filtereffekt klappt jedoch nur eingeschränkt, weil man den Schaumstoff recht oft (nie gründlich und nie mit warmem oder gar heißem Wasser) auswaschen muss, was immer auch die Bakterienkulturen beeinträchtigt.

In mit wirklich wenigen Goldfischen besetzten Aquarien, deren Wasser wöchentlich teilerneuert wird, reicht dieser Filtertyp aus. Kleinere Modelle eignen sich für Quarantänebecken. Richtig, es gibt noch andere Innenfiltermodelle, die mit Luft betrieben werden; überwiegend sind sie für unseren Zweck nicht leistungsfähig genug.

Sehr ähnlich arbeiten **motorbetriebene Innenfilter**. Sie filtern ebenfalls meistens über Schaumstoffpatronen, die in einem an den Elektromotor anschließenden, mit Einlassöffnungen versehenen Kunststoffgehäuse stecken. Die meisten modernen Modelle arbeiten mit untergetauchten Kreiselpumpen, die eine für Goldfische zu starke Strömung erzeugen. Entscheiden Sie sich für diesen Filtertyp, sollten Sie deshalb eines der mittlerweile zahlreichen Modelle wählen, bei dem man die Pumpenleistung regulieren kann.

Allen Innenfiltern ist ein deutlicher Mangel an Komfort zu eigen. Da sie sich im Aquarium befinden, muss man sich an ihren Anblick gewöhnen oder sie »verstecken«. Ihre Reinigung ist mit häufigen Störungen der Fische verbunden, und meistens ist die

---

Filtermedien

Form- und Plattenschaumstoff in allen denkbaren Formaten, grau, schwarz oder himmelblau, eng- oder großporig, ist ein für die »biologische« Filterung ausgezeichnetes Material, das die meisten Hersteller von Filtern inzwischen mitliefern. Leider verstopft Schaumstoff ebenso leicht wie andere für diese Funktion geeigneten Filtermedien: Röhrchen aus Ton, Keramik oder Glas. Im prinzipiell unverzichtbaren Vorfilter sollte man darum hinter einem ersten Schmutzfänger (Topfkratzer, grobe Filterfasern) Filterwatte oder vergleichbar dichtes Material einsetzen, das die Filterbakterien vor den dicksten Brocken bewahrt.

Die oft für ihre »Wundertaten« gepriesene Aktivkohle wird nur im Bedarfsfall verwendet, etwa wenn es nach einer Fischkrankheit darum geht, gelöste Medikamente aus dem Wasser zu entfernen.

zur Verfügung stehende Filterfläche relativ (zu) klein.

Nicht vergessen wollen wir die Existenz sogenannter »Systemaquarien«, in denen sich eingesteckte oder eingeklebte Kasten-Innenfilter befinden. Sicher ist auch das eine Möglichkeit, die Reinigung oder der Wechsel von Pumpe und Filtermedien sind aber recht umständlich.

Aus gutem Grund sind **kreiselpumpenbetriebene Außenfilter** in der Aquaristik weit verbreitet. Schon dass sich die Filterung außerhalb des Aquariums abspielt und

So klar wie im Aquarium dieses **Ryukin** sollte das Wasser nicht nur sein, es muss!

dass ein vergleichsweise großes Filtervolumen zur Verfügung steht sind entscheidende Vorteile. Man ist weitgehend frei in der Wahl geeigneter Filtermedien und kann sogar verschiedene sinnvoll kombinieren. Einige Hersteller bieten bereits Ausführungen mit herausnehmbaren Körbchen an, in denen man unterschiedliche Filtermaterialien, Schicht für Schicht gut voneinander getrennt (fraktioniert), hintereinander schalten kann. Wie praktisch!

Gerade für die »biologische« Filterung ist dieser Typ ideal geeignet; man kann ihn, indem man eine Schaumstoffpatrone oder einen anderen »Vorfilter« vor das Zulaufrohr installiert, auch ausschließlich als »Bakterienfilter« verwenden. Alle Kreiselpumpen-Außenfilter arbeiten mit starken Motoren, übertreffen die Mindestanforderung, den Wasserinhalt eines Aquariums pro Stunde einmal umzuwälzen, bei weitem. Achten Sie deshalb wiederum auf die Regulierbarkeit der Pumpenleistung.

Bis sich die Filterbakterien so entwickeln konnten, dass sie unseren Erwartungen entsprechend funktionieren, vergeht einige Zeit, während der wir sie mit konstanten Wasserverhältnissen und »Nahrung« versorgen müssen. Weil man sie nicht unbegrenzt lebensfähig aufbewahren kann (entsprechende Angebote dürfen Sie mit Skepsis betrachten), empfehlen wir zur Verkürzung der Einlaufzeit, dass Sie einen Aquarienfreund, Teichbesitzer oder Zoohändler um eine kleine Menge ungereinigten Filtermaterials bitten, mit der Sie Ihren Filter »impfen«. Bei Teichfiltern tut es manchmal auch eine Handvoll ungedüngter Gartenerde.

Goldfisch-Variationen

In China allein wurden bis heute rund 500 mehr oder weniger voneinander verschiedene Erscheinungsbilder des Goldfisches als Rassestandards beschrieben. Etliche überwiegend in Japan, Großbritannien und den Niederlanden entstandene beziehungsweise »abgeleitete« Varietäten kommen hinzu. Alle hintereinander aufzuzählen macht wenig Sinn, denn Sie und wir werden die wenigsten davon jemals zu Gesicht bekommen. Hierzulande bestimmt der Handel die Grenzen des Formenreichtums, aus dem wir wählen können – es ist immer noch mehr als genug.

Zur Pflege im Zimmeraquarium sind praktisch alle Zuchtformen geeignet, die über verlängerte Brust-, Bauch-, Rücken- und After- flossen, eine deutlich vergrößerte, oft auch geteilte Schwanzflos- se sowie einen im Vergleich zum »normalen« Goldfisch verkürzten respektive ovalen bis annähernd kugelrunden Körper verfügen – Laien wie wir fassen diese Goldfischvariationen schnöde und igno- rant unter dem Begriff **Schleierschwanz** zusammen.

Das ist nicht einmal so verkehrt, denn alle auf den über dieses Buch verstreuten Abbildungen dargestellten Rassen gehen auf schon früh ent- standene **Fächer-**, **Fransen-** oder **Schleier- schwanzformen** zurück. Neben den Flos- sen, deren Gestalt, Länge und Teilung wichtige Kriterien der Standards sind, ist die unterschiedliche Reflexi- onsfähigkeit der Schuppen für jedermann leicht er- kennbar: metallisch glän- zende Schuppen kom- men vor, matte Schuppen, deren Konturen unser Auge kaum mehr erfasst (die Fische wir- ken »schuppenlos«), und perlmuttartig

Tancho-Oranda sind besonders beliebt und werden darum in Massen »produ- ziert«. Achten Sie besonders beim Kauf dieser Rasse auf den Gesundheitseindruck der Fische und wählen Sie aus- schließlich lebhafte Exemplare mit kräf- tig rotem Kopf.

Seien Sie auch bei klassisch rotgoldenen Schleierschwänzen vorsichtig. Exemplare mit schwach hell beziehungsweise dunkel erscheinenden Punkten oder Flecken lassen Sie besser beim Händler. Suchen Sie stattdessen Fische ohne diese Merkmale aus – aus einem anderen Verkaufsbecken.

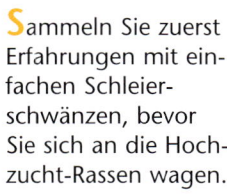

Sammeln Sie zuerst Erfahrungen mit einfachen Schleierschwänzen, bevor Sie sich an die Hochzucht-Rassen wagen.

schillernde, mit bezaubernden Effekten unter einfallendem Sonnenlicht. Konvexe, nach außen gewölbte Schuppen können diese Eindrücke beim **Perlschupper** zusätzlich unterstreichen. Augengrößen und -farben, Kopfprofile, Form und Lage des Maules, verschiedenartig ausgebildete Kiemendeckel, Nasenbukette sowie flache oder hohe, auf kleine oder größere Bereiche des Kopfes begrenzte Hautwucherungen – das alles sind Merkmale, die je nachdem, wie sie gemischt wurden, diesen oder jenen Standard ausmachen.

Wie die vielen Gestalten entstanden sind und in welcher Verbindung sie zueinander stehen, ist leicht durchschaubar. Jeder Formenkreis hat sein »Grundmodell«, zu dem es natürlich mehrere »Ausstattungen« und verschiedene »Sonderlackierungen« gibt.

Ein Beispiel? Aus dem sehr ursprünglichen **Schleierschwanz-Goldfisch** mit ovalem Körper, breitem Kopf, hoher Rücken- und geteilter, verlängerter Schwanzflosse wurden Fische mit kaum merklichen und flachen Hautwucherungen am Kopf sowie andere, bei denen sich diese Hautveränderungen zu regelrechten »Löwenmähnen« auftürmen. Das Nasenbukett kann als einziges oder zusätzliches Detail vorhanden sein, und auch nach vorn gebogene (beim **Quellkiemer**), besonders fleischige oder sogar transparente Kiemendeckel kommen vor.

Alle diese äußerlichen Merkmale sind nahezu beliebig kombinierbar, können mehr oder weniger intensiv ausgebildet sein; die jeweilige Körperfärbung – uni, zwei- oder mehrfarbig, punktuelle oder flächige Farbkombinationen, Sprenkelung – kaschiert alle diese Eigenschaften oder hebt sie besonders hervor. Nach dem gleichen »Baukastenprinzip« lassen sich die ebenso zahllosen »Ausführungen« der **Teleskopaugen-Schleierschwänze**, **Orandas**, **Ranchus** und **Ryukins** erklären.

Verfügen sie über die dafür nötigen Hauteigenschaften, schimmern **weiße Goldfische** wie Opale. Wohl darum sind sie recht beliebt. Sind auch Sie dieser »Farbe« zugetan, dann achten Sie bei der Auswahl auf die Augen. (Blut-)Rote Augen kennzeichnen echte **Albinos**, denen nicht nur sämtliche Pigmente fehlen, sondern die auch meistens über weitere Entwicklungsstörungen verfügen. Gesundheitsprobleme sind bei Albinos vorprogrammiert. Glücklicherweise gibt es alle weißen Goldfischvarianten auch mit pigmentiertem, dunklem Augenhintergrund.

Das genaue Gegenteil, fast schwarze, sogenannte **eisenfarbene Goldfische** haben diese Probleme zwar nicht, können ihre Besitzer nach einiger Zeit aber mit dem teilweisen oder völligen Verlust der besonderen Farbe, derentwegen man sie ja erworben hat, überraschen. Soeben ist im Internet eine Diskussion über dieses Phänomen entstanden, das sowohl bei jungen als auch bei schon jahrelang gepflegten Exemplaren auftreten kann. Und auch einer von uns wundert sich über zwei ursprünglich **eisenfarbene Orandas**, bei denen zur Zeit ein unschönes Orangerot »durchbricht«.

Offenbar wechseln insbesondere rotgoldene Goldfische mit braunen und schwarzen Abzeichen häufig und lange ihre Farben. Die dunklen Flecke wandern über den Fischkörper, verändern ihre Größe und die Umrisse oder verlieren sich gänzlich, bis nur die Grundfarbe übrig bleibt.

Woher nehmen?

Schleierschwänze sowieso, kleine **Tancho-Fächerschwänze** oder **Rotkäppchen** und der schwarze **Teleskopaugen-Schleierschwanz** namens **Demekin** begegnen Ihnen als possierliche Jungfische in eigentlich allen Tierhandlungen. Immer häufiger finden

Seit Jahrzehnten im Standardangebot des Zoofachhandels: der **Teleskopaugen-Schleierschwanz** oder **Demekin**, eine der ausdauerndsten und dankbarsten Zuchtformen.

Sie auch verschiedenfarbige **Holländische Löwenköpfe**, die sogenannten **Orandas**, manchmal sogar schon halberwachsen. Berücksichtigt man die unvorstellbar vielen möglichen Farbkombinationen, so bieten bereits diese wenigen Grundtypen eine reichhaltige Auswahl.

Größere Goldfischangebote sucht man in normalen Geschäften vergebens. Aber sehr große Zoohandlungen, Koi-Center und auf Koi spezialisierte Fischwirtschaftsbetriebe (viele inserieren in den im Anhang aufgeführten Aquaristikzeitschriften) sind immer auch eine vielversprechende Quelle für interessante und in Europa kaum verbreitete Goldfischvarianten. Lange Anfahrtswege lohnen sich durchaus.

Pracht als Last?

Ein paar ernste Worte sind fällig. Greifen wir also hier den seit einiger Zeit in Presse, Funk und Fernsehen kursierenden, sehr missverständlichen, sehr vorwurfsvollen Begriff der »Qualzuchten« auf.

Diese an und für sich schon schreckliche Wortschöpfung meint nicht, dass die Vermehrung (Zucht) bestimmter Tiere auf irgendeine Weise qualvoll ist. Vielmehr hat das Tierschutzgesetz vom Mai 1998 verboten, Wirbeltiere zu züchten, denen erblich bedingt Körperteile oder Organe für den artgemäßen Gebrauch fehlen oder deren Körperteile oder Organe untauglich oder derart umgestaltet sind, dass den Tieren Schmerzen, Leiden oder Schäden entstehen. Schwanzlose und darum nur noch zu hopsender Fortbewegung befähigte Katzen sind beispielsweise gemeint, an heftig schmerzenden, erblichen Gelenkerkrankungen leidende Hunde oder Taubenrassen mit so kurzen Schnäbeln, dass sie ihre Küken nicht selbst füttern können.

Den **Ranchu** oder **Büffelkopf** gibt es auch als sogenannten **Eierfisch**, dem die Rückenflosse fehlt. Trotzdem schwimmt diese hierzulande kaum bekannte Variante nicht weniger gut als andere Schleierformen.

Derzeit wird diskutiert, welche der vielen Nutz- und Heimtierrassen wirklich betroffen sein könnten, und auch mit der großen Vielfalt der Goldfischzuchtformen, durch markante Körperteil- und Organveränderungen auffällig, muss man sich in diesem Rahmen auseinander setzen.

Können Schleierschwänze mit ihren langen und leicht zu zerreißenden Flossen überhaupt normal schwimmen oder taumeln sie ziellos umher? Ist ein **Ryukin** noch in der Lage zu gründeln, was ein »normaler« Goldfisch gern und ausgiebig tut? Beeinträchtigen Nasenbukette oder die Hautwucherungen am Kopf von **Orandas** und **Ranchus** deren Gesichtsfeld und erhöhen somit das Verletzungsrisiko? Sind **Teleskop**- oder **Blasenaugen** nicht zwangsläufig ständig beschädigt, weil ihr Augapfel weit über den Körper hinausragt und sich unkontrolliert bewegt?

Die Fische selbst kann man leider nicht fragen, ob sie an ihrer ererbten Gestalt leiden, und das Gesetz lässt den Meinungsstreit, lässt Polarisierungen zu, weil es auf detaillierte Erklärungen verzichtet.

So viele Aspekte fließen ein, emotionale, moralische, wissenschaftliche und, das wollen wir nicht vergessen, kulturelle. Der gleiche Mitteleuropäer, der die auf ostasiatischer Symbolik und Mystik basierende Goldfischvielfalt verteufelt, kann vehement für die Existenzberechtigung von Dackeln eintreten, weil er ihre für schmerzhafte bis lähmende Wirbelsäulen- und Hüftgelenksleiden prädestinierte Gestalt als notwendig, zweckmäßig und als besonders liebenswert empfindet. In der freien Wildbahn hätten weder

Der **Shubunkin** kann sehr groß werden, bis zu 30 Zentimeter, und gehört in den Gartenteich.

Eisenfarbene Oranda mit ihren kupfer- bis goldfarben schimmernden Schuppenrändern können bei entsprechender Pflege gut zwanzig Jahre alt werden.

Hier scheiden sich die Geister: Für die einen sind **Blasenaugen** mit das Prächtigste, was Goldfischzüchterkunst je zustande brachte, andere glauben zu erkennen, dass diese außergewöhnlichen Goldfische am Leben leiden.

Dackel noch Schleierschwanz eine Chance, dennoch sind beide nicht »unnatürlich«: Die Basis der Erbinformationen, die zur »Konstruktion« eines Dackels benötigt werden, ist im Prinzip schon im Genom des Wolfes angelegt, die »Bausteine« der einzelnen Goldfischvarietät im Giebel.

Haustieren nehmen wir durch unsere Zuwendung, unsere ihren besonderen Bedürfnissen angemessene Pflege und durch geeignete Haltungsmethoden einen Großteil des Wildtieren eigenen Lebensrisikos ab. Alle Goldfischrassen- und gestalten (vielleicht mit Ausnahme der oben abgebildeten), die wir Ihnen in diesem Buch zeigen, können wir mit gutem Gewissen für die Aquarienhaltung empfehlen. Umsichtig und sachgerecht gepflegt, zeigen sie – stets lebhaft und aufmerksam – wie gut alle ihre Sinne funktionieren und wie vielseitig Goldfischverhalten ist.

Allesamt sind sie in der Lage, sich ohne Probleme zu vermehren und Ihre Zuneigung, Ihre Bereitschaft, sich mit Goldfischeigenheiten und Goldfischbedürfnissen ernsthaft auseinanderzusetzen, »belohnen« sie mit einem langen Leben. Rassen und Formen, über die auch wir uns kritische Gedanken machen, empfehlen wir in diesem Buch nicht.

Über Goldfischteiche

Dieses Kapitel enthält keine Bauanleitungen oder »Schnitt-muster« für stimmungsvolle Wassergärten, sondern Hinweise auf Ausstattungen und Eigenschaften, über die ein Garten-teich verfügen sollte, damit Ihre Goldfische sich in ihm wohl fühlen. Wir sagen ihnen, welche technische Grundausstattung zweckmäßig ist und nehmen Ihnen die eine oder andere Illusion.

Hat im Teich nichts verloren! Hochzucht-formen wie dieser **Ryukin-Sarasa** (oder heißt es Sarasa-Ryukin?) brauchen ständig höhere Was-sertemperaturen. Deshalb hält man sie im Aquarium.

Die Vorstellung von einem »Naturteich«, einem Sammelsurium immerfort blühender Sumpf- und Wasserpflanzen, angereichert mit grazilen Libellen, Salamandern, Molchen und von »lieblichen« Froschkonzerten untermalt, diese Vision von einem Goldfischteich ist völlig absurd. Eher ist das genaue Gegenteil möglich, ein rasch versumpfender und übel riechender Tümpel.

Im Ernst: Wenn Sie sich für Ihren Garten einen artenreichen Ausschnitt heimischer Natur vorstellen, sich die Ansiedlung mög-lichst vieler Insekten und Lurche wünschen, dann sind Goldfische gewiss die falsche Entscheidung. Nur wirklich robuste Pflanzen – gerade die schönsten sind das meistens nicht – widerstehen ihrer Naschlust und Neugier. Keine Mückenlarve, kein Was-serfloh und sicher keine Kaulquappe entgeht ihrem scheinbar unstillbaren Appetit. Diesen Umstand schon bei der Teichplanung vor Augen zu haben, erspart Ihnen manche herbe Ent-täuschung.

Goldfischteiche sind natür-lich immer ein Kompromiss zwischen Ihren Wünschen, den räumlichen Gegebenheiten und den Grundbedürfnissen der Gold-fische. Trotzdem taugen derartige, in den Augen stolzer Gartenbesitzer nicht immer voll-kommen »idealen« Lösungen durchaus zur Augenweide und können zum prächtigen Mittelpunkt kleinster und weitläufiger Gärten werden.

Hauptsache tief genug

Sollen die Goldfische ganzjährig im Teich bleiben, darin auch einen harten Winter schadlos überdauern, dann sind die von Bau- und Gartenmärkten offerierten Fertigteiche überwiegend ungeeignet. Die meisten dieser Formbecken, einschließlich größerer Formate, sind viel zu flach!

Dass Fische unter einer geschlossenen Eisdecke nicht er- oder einfrieren, hängt nämlich nicht mit ihrer Widerstandskraft, sondern vielmehr mit den faszinierenden physikalischen Eigenschaften des Wassers zusammen: Auch wenn die Oberfläche dick zugefroren ist, beträgt die Wassertemperatur am Teichboden wenigstens frostfreie 4 °C. Für diesen Effekt ist jedoch die **Mindesttiefe von einem Meter** nötig (jeder Zentimeter mehr ist noch besser), und die wird mit Fertigbassins meistens nicht erreicht.

Entscheiden Sie sich trotzdem für diesen Teichtyp – auch versierte Heimwerker sollten den mit ihrer Versenkung im Erdreich verbundenen Aufwand nicht unterschätzen –, müssen Sie für Ihre Goldfische ein **Winterquartier** in einem vor Frost geschützten Raum schaffen können. Spätestens wenn die Wassertemperatur im Teich ständig unter 10 °C sinkt, ziehen die Fische um, aber nicht in ein warmes Aquarium im Wohnbereich. Besser ist eine

Hauptsächlich wegen ihres Bedürfnisses nach konstanten höheren Wassertemperaturen eignen sich Schleierschwänze samt ihrer Hochzuchtverwandtschaft in gar keinem Fall für die Pflege im Freiland. Das verringert die große Auswahl nicht, denn auch für die Teichhaltung stehen viele verschiedenfarbige und attraktive Goldfische zur Verfügung. Allen voran der »stinknormale« rotgoldene Goldfisch, den es in auch in vielen anderen Farben und Farbkombinationen gibt. Weiß und rot gefleckte Kalikos mit einem Ganzkörperüberzug aus schwarzen Sprenkeln sind schon etwas Besonderes, ebenso die verschiedenen Shubunkin mit ihrer matten bunten Sprenkelung. Die ganze Farbenvielfalt bieten auch die mit einer langen gegabelten Schwanzflosse ausgestatteten Kometenschweife.

Verfügen Sie über einen großen Teich, sollten Sie gezielt nach Goldfischen japanischer Herkunft (Wakin) suchen; sie werden besonders groß (30 Zentimeter und mehr) und sind als Sarasa (großflächig kirschrot und weiß gefleckt) besonders sehenswert.

Kunststoffwanne (oder eine Regentonne) im Keller, deren Wasser leicht gefiltert wird, in der man die Fische ruhen lässt, kaum stört und nur sehr wenig füttert. Decken Sie das Winterquartier in den ersten Tagen unbedingt ab – mit einem Gitter am besten und natürlich nicht luftdicht –, denn die Fische werden zunächst versuchen, den ihnen unbekannten Ort springend zu verlassen.

Geeignete Teichbaustoffe

Folien sind als Teichbaumaterial die beste und günstigste Wahl.

Mit gutem Gewissen kann man für unseren Zweck eigentlich nur zwei Materialarten empfehlen: **Teichfolien** und **glasfaserverstärkten Kunststoff (GFK)**. Für die Folien – eine große Bandbreite verschieden stabiler Produkte ist verfügbar – sprechen viele gute Gründe. Sie sind vergleichsweise preiswert, können zu jeder beliebigen Größe zugeschnitten oder verklebt und von jedermann relativ leicht verarbeitet und verlegt werden. Waren manche Folien früher nicht sonnenlichtbeständig, leicht brüchig und porös, so sind mittlerweile alle im Handel angebotenen Fabrikate witterungsresistent und auch sonst unbedingt vertrauenswürdig. Mit den etwas teureren Markenfolien kaufen sie zugleich eine mehrjährige Garantie auf Dichtigkeit.

64

Zweifellos liegt der größte Vorzug aller Teichfolien darin, dass man mit ihnen genau die Umrisse, Tiefen und Strukturen modellieren kann, die man möchte. Gestalterischen Phantasien sind kaum mehr Grenzen gesetzt. Was lässt sich nicht alles damit erreichen: Flach- und Tiefwasserzonen mit laufenden oder »harten« Übergängen, Sumpfzonen, Buchten, Inseln, Bachläufe mit kleinen Katarakten, zusätzliche Klär- und Filterbecken und vieles mehr. Genormte PVC-Fittings kann man als Zu- und Ableitungen oder Filteranschlüsse ohne Probleme dicht mit der Folie verkleben, und sogar die Pfeiler kleiner Stege ertragen (entsprechend gepolsterte) Folien inzwischen mühelos.

Alle diese positiven Eigenschaften gelten auch für Teiche aus GFK. Statt mit einem großen Folienstück wird der Teich schichtweise mit Glasfaservlies ausgelegt, das man mit einem Polyesterharz tränkt und mittels Rollendruck verbindet. GFK ermöglicht ebenfalls die Installation von Zu- und Ablaufrohren und sogar den Einbau stabilisierender oder isolierender Materialien (»Sandwichbauweise«). GFK-Teiche kann man ohne besonderes handwerkliches Geschick selbst anlegen. Allerdings treten bis zur endgültigen Austrocknung des Harzes bedenkliche Dämpfe auf und auch die sich bei Schneide- und Schleifarbeiten lösenden Faserpartikel muss man nicht einatmen. Entsprechende Atemschutzvorschriften sollte man also im ureigensten Interesse einhalten, oder man überlässt den Bau gleich einer darauf spezialisierten Handwerksfirma, von

See- oder, wie wir Ihnen empfehlen, Teichrosen pflanzt man in stabile Körbe aus Kunststoff und sichert das Substrat mit Steinen oder Drahtgeflecht vor gründelnden Goldfischmäulern.

denen einige regelmäßig in Gartenzeitschriften inserieren. Anders als mit Folien schafft man mit dem GFK jedoch eine später nicht mehr verrückbare Tatsache.

Soviel Technik muss sein

Zu einer verantwortungsvollen Goldfischhaltung gehört auch im Gartenteich die konsequente und regelmäßige Wasserpflege – ausnahmslos alles das, was wir bereits im Aquarienkapitel darüber gesagt haben. Ihre Verantwortung schließt einen **Teichfilter** unbedingt ein, denn die Stoffwechselprodukte der Goldfische müssen aus dem Teich entfernt werden.

Dem seit einigen Jahren zunehmenden Koi-Boom verdanken wir eine riesige Auswahl verschieden großer und verschieden leistungsfähiger Filter in allen Preisklassen. Weil sich der »Wert« eines Lebewesens nicht an seinem Preis ausmachen lässt, ist eigentlich nicht einzusehen, warum man für die teilweise sündhaft teuren Koi beträchtliche Summen in sehr durchdachte Klärsysteme investiert, diese Ausgaben für die erheblich billigeren Goldfische jedoch scheut. Andererseits sind auch wir von dieser Welt und wissen, dass sich die Geschichte irgendwie rechnen muss.

Sie müssen also beim Filterkauf nicht in der »gehobenen Mittelklasse« einsteigen, aber dennoch auf Funktionalität und Leistungsfähigkeit achten. Wichtig ist, wie beim Aquarium, das harmonische Zusammenspiel von mechanischer und »biologischer« Wasserreinigung sowie ein angemessenes Filtervolumen.

Die eleganteste Methode gegen die lästige Algenblüte und eine ganze Reihe von Krankheitserregern ist die Beleuchtung mit ultraviolettem Licht. Mittlerweile gibt es handliche Geräte, die bei Bedarf rasch an vorhandene Filtersysteme angekoppelt werden können.

Im Handel gibt es unterschiedliche **Außenfilter**-Modelle (was wir von Innenfiltern halten, sehen Sie daran, dass wir sie auslassen), die wie Fässer oder wie große Kisten aussehen. Man kann sie neben den Teich stellen (sehr unschön!), mit langen Schlauchleitungen versehen im Keller platzieren oder in neben dem Teich gegrabenen Schächten verbergen (dafür ist eine fachmännisch verlegte Stromleitung nötig). Wie auch immer, die Filter müssen so aufgebaut sein, dass das Wasser mehrere Filterschichten (meist hintereinander geordnete Schaum-

66

Natürlich sollten Sie Seerosen versuchen, das heißt ausprobieren, ob Ihre Goldfische sich daran vergreifen oder nicht. Entscheiden Sie sich aber gleich für robuste und harte Arten und nicht für die empfindlichen »Exoten«, so schön sie auch blühen.

stoffmatten) passiert und zwischen diesen Schichten ein deutlicher Zwischenraum liegt. Ideal ist ein bereits fest installierter **Vorfilter**, der grobe Verschmutzungen auffängt und dadurch Verstopfungen verhindert. Es ist auch kein Fehler, wenn die Hersteller den (zeitweisen) Einsatz verschiedener Filtermedien ermöglichen und dafür geeignete Kassetten gleich mitliefern.

Die Außenfilter kann man auch an bereits bestehenden Teichen einsetzen; in diesem Fall gehört das Ende des Ansaugschlauchs an die tiefste Stelle, und der Filterauslauf wird so platziert, dass er die Wasseroberfläche in eine leicht kreisende Bewegung versetzt. Ist der Teich noch nicht gebaut, plant man an verschiedenen (immer aber an der tiefsten) Stellen Abläufe und »lenkt« die Wasserströmung so, dass der Schmutz nicht lediglich rotiert, sondern sich in Richtung der Abläufe absetzt. Jemandem um Rat zu bitten, der das schon einmal gemacht hat, ist kein Fehler.

Legen Sie das größte Augenmerk auf die **Umwälzpumpe**. Sie muss besonders kräftig sein, langlebig und – das ist besonders für die Wintermonate wichtig, während der die Temperaturschichtung des Wassers nicht durcheinander gewirbelt werden darf – Sie müssen ihre Leistung stufenlos regulieren können. Alles andere ist »Spielzeug«.

67

Das einfache **Thermometer**, das wir Ihnen schon für das Aquarium empfohlen haben, ist aus den bereits genannten Gründen auch für die Goldfisch-pflege im Gartenteich ausrei-chend und sinnvoll.

Trotz gutem Filter kommen Sie über den regelmäßigen **Teil-wasserwechsel**, eine unabding-bare Fleißarbeit, nicht herum. Spätestens alle 14 Tage entneh-men Sie etwa ein Fünftel bis ein Viertel des Teichvolumens und ersetzen es anschließend durch langsam einfließendes Frisch-

Zur »Ersten Hilfe« bei Sauerstoffmangel sollten Sie eine Teich-Luftpumpe samt Schlauch und Ausströmer besitzen.

wasser. Eine **Tauchpumpe**, die Ihnen die Schwerstarbeit des Schöpfens abnimmt, werden Sie nicht missen wollen.

Legen Sie sich für den Notfall Sauerstoffmangel eine für den Freilandeinsatz (Elektrosicherheit!) zugelassene **Luftpumpe** mit langem **Schlauch** und **Ausströmer** zu. Alles zusammen gibt es auch im Set zu kaufen. Bei anhaltender Hitze unterstützt die zusätzliche Belüftung im Filter dessen Funktion und reichert das Wasser insgesamt mit Sauer-stoff an.

Welke Wasserpflanzenblätter und -blüten oder von Bäumen herabgefallenes Laub kann man von Frühjahr bis Herbst täglich oder wöchentlich von der Was-seroberfläche schöpfen. Man muss nicht warten, bis dieser »Ökomüll« absinkt, zunächst eine dicke Mulmschicht bildet und sich mit der Zeit zu zähem und übelriechendem Faul-schlamm entwickelt, der irgend-wann zu einem real existieren-den Entsorgungsproblem wird und bei geschlossener Eisdecke die Überlebenschancen der im Teich lebenden Pflanzen und

Oben:
An der eidottergelb blühenden Teichrose (*Nuphar lutea*) vergreift sich kein Goldfisch.

Links:
Auch das gehört zur Grundausstattung für den Teich: Mindestens ein Kescher mit langem (Teleskop-)Stiel, mit dem Sie im Herbst das Laub von der Teichoberfläche entfernen können.

Tiere senkt. Dafür ist ein **Teichkescher** mit langem (Teleskop-)Stiel unverzichtbar. Sie brauchen ihn auch zum ab und an nötigen Goldfischfang und suchen darum bitte einen Kescher mit engmaschigem und knotenfreiem Netzgewebe aus, mit dem Sie Haut und Schuppen Ihrer Fische vor Verletzungen bewahren.

Im Frühjahr, nach einigen Tagen mit anhaltendem Sonnenschein, nach großen Wasserwechseln und heftigen Regenfällen, können sich Schwebealgen explosionsartig zu einer richtigen Plage, dem sogenannten »grünen Wasser« entwickeln. Flüssigpräparate aus dem Handel sorgen dafür, dass die Algen verklumpen; man kann sie dann mühelos abkeschern. Wesentlich eleganter und effektiver ist der Einsatz einer **UV-Lampe** (Abbildung Seite 66), deren Strahlung die Algen zuverlässig tötet. Weil ultraviolettes Licht auch Bakterien und Viren zu Leibe rückt, ist eine dem Teichvolumen angepasste UV-Lampe (Richtwert: ein Watt Leistung pro 1000 Liter Wasser) doppelt nützlich.

Damit das Wasser bei anhaltendem Frost atmen kann, bietet der Handel sogenannte **Eisfreihalter** (meist aus Styropor). Ebenso bewährt hat sich der Einsatz von **Oxidatoren**, die flüssiges Wasserstoffperoxid mittels eines keramischen Katalysators in Was-

69

Auch die Blätter dieser normalerweise gut wachsende Schwimmpflanze, der Wassernuss (*Trapa natans*), schmecken Goldfischen nicht.

ser und reinen Sauerstoff spalten. Auf gar keinen Fall sollte man zu »bewährten Hausmitteln« greifen: **Strohbündel haben im Teich nichts verloren** und richten eher Schaden an.

Mehr brauchen Sie nicht. Ja, wirklich! Mit dieser überschaubaren Ausstattung ist Ihr Teich-Maschinenpark komplett. Alles, was Sie darüber hinaus anschaffen möchten und können, ist mehr oder weniger sinnvoller Luxus.

Ideale Teichpflanzen

Goldfische, wir haben es schon gesagt, sind Alles- und darum auch Pflanzenfresser. Gräser und die meisten Uferpflanzen verschonen sie zwar, aber es sollen ja auch richtige Wasserpflanzen im Teich gedeihen und uns mit ihren Blättern und Blüten erfreuen. Es gibt einige wenige Pflanzenarten, an denen Goldfische nicht einmal knabbern, weil Sie sich durch Bitterstoffe schützen oder aus anderen Gründen nicht schmecken. Zu ihnen gehört die Gelbe Teichrose (*Nuphar lutea*), die mit den für manche Goldfische schmackhaften Seerosen (*Nymphaea* sp.) an Wuchsgröße und Pracht durchaus konkurrieren kann. Unverwüstlich ist die Krebsschere (*Stratiotes aloides*), die frei in allen Wasserschichten schwimmt, und auch an den Blättern des Schwimmenden Laichkrauts (*Potamogeton natans*) vergreifen sich Goldfische nicht. Gleiches gilt für eine schöne Schwimmpflanze namens Wassernuss (*Trapa natans*) – nur ihre im Herbst absinkenden Früchte werden gefressen.

70

Goldfische vermehren sich

Ob Stammform oder Hochzucht, alle Goldfischrassen pflanzen sich ohne unser Zutun fort, wenn den Fischen danach ist. Trotzdem kann man darüber etwas wissen, denn die Fortpflanzungsverhalten der Goldfische sind vielseitig und höchst interessant. *Die* **Fortpflanzungsverhalten?**

Frühling muss es sein, an den immer längeren Tagen die Sonne scheinen und das Wasser wenigstens 16 °C »warm«, dann erwacht in Goldfischmännchen und -weibchen der Fortpflanzungstrieb. Beide fallen jetzt nicht sofort übereinander her, aber die günstigen Umweltbedingungen sorgen dafür, dass in der Hirnanhangdrüse geschlechtsspezifische Hormone im Überfluss entstehen. Diese Hormone »wecken« die inneren Geschlechtsorgane, regen die Eierstöcke zur Herstellung von Laich (dem sogenannten Rogen) und die Hoden zur Samenproduktion an (wegen ihrer Farbe und Konsistenz nennt man Fischsperma auch Milch). Beides kostet die Fische eine Menge Energie; es ist also günstig, wenn ihnen in dieser Zeit eiweißhaltige Nahrung zur Verfügung steht. Bald kann man die Geschlechter unverwechselbar auseinander halten. Weibchen werden bis zur Unförmigkeit dick, während den schlankeren Männchen die Fortpflanzungsbereitschaft ins Gesicht geschrieben steht: Auf ihren Kiemendeckeln und den vorderen Brustflossenstrahlen (dort kann man sie weniger gut sehen) bilden sich kleine weiße »Pickel«, der sogenannte »Laichausschlag« (Abbildung Seite 73).

Steigt die Wassertemperatur in den flacheren Uferbereichen weiter an, sagen wir auf etwa 20 °C, beginnen die Männchen ihre »Jagd«. Selten nur ein Männchen, meistens mehrere zusammen, machen sich auf die Suche nach laichbereiten Weibchen, folgen ihm zunächst und »treiben« es schließlich vor sich her. Immer wieder stupsen sie es mit der Schnauzenspitze in den Bauch, bis es schließlich dem ersten Männchen gelingt, sich – Flanke an Flanke – eng an das Weibchen zu schmiegen. Unmittelbar über dem Boden oder zwischen dichten Pflanzenstengeln stößt das

Ein paar sonnige Frühlingstage genügen, um jeden noch so trägen Goldfisch in Fortpflanzungslaune zu bringen.

71

Weibchen nun eine ordentliche Portion seiner Eier aus, die sofort von der Milch des Männchens befruchtet werden. Viele Male wiederholt sich dieser Vorgang, jedesmal unter Beteiligung eines zufällig erfolgreichen Männchens aus der Verfolgerschar, bis der Eivorrat des Weibchens erschöpft ist.

Bis zu 5000 Eier kann ein Weibchen pro Laichphase legen. Zunächst kleben sie, sich selbst überlassen, auf Steinen oder an Pflanzen und sind für Schnecken, Insekten, viele Fischarten und auch für die eigenen Eltern eine willkommene Beute. Sicher werden die meisten Eier, die meisten Larven und viele heranwachsende Jungfische gefressen, so dass nur sehr wenige das Erwachsenenalter erreichen und sich wiederum fortpflanzen. Nicht zuletzt wegen dieses hohen Feinddrucks heißt die Fortpflanzungsstrategie der Goldfische Massenvermehrung: Bis zu zehnmal und öfter kann ein Weibchen in jedem Frühjahr laichen, theoretisch also die Mutter von jährlich 50000 Goldfischkindern werden. Gerade in dicht bewachsenen Gartenteichen, in denen die meisten Fressfeinde fehlen, kann dieses Potenzial in Windeseile zur »Übervölkerung« mit Goldfischen führen, die der Teichbesitzer regulieren muss.

Goldfische können auch anders

So, wie wir es gerade beschrieben haben, können sich alle Goldfischvarianten im Teich vermehren und, wenn man sie lässt, natürlich auch im Aquarium. Bedingt durch ihre Gestalt, wirkt der Vorgang bei **Schleierschwänzen** oder etwa **Orandas** insgesamt etwas »verwackelter«, aber das gesamte Repertoire des Fortpflanzungsverhaltens hat sich bei ihnen erhalten und führt zu nicht geringerem Vermehrungserfolg.

Unsere Goldfische haben dieses Verhalten vom Giebel geerbt, der, wir hatten es eingangs erwähnt, über ein erstaunlich großes Verbreitungsgebiet verfügt. Je nach dem Vorkommensort unterscheiden sich Giebel jedoch nicht nur mehr oder minder in Aussehen und Körpergröße, sie haben auch eine weitere Fortpflanzungsstrategie entwickelt.

Manche Giebelpopulationen bestehen ausschließlich aus Weibchen. Wie ist das möglich? Normalerweise befinden sich in jedem Zellkern zweigeschlechtig vorkommender Wirbeltiere zwei komplette Chromosomensätze (Biologen sagen, sie sind diploid), in denen sämtliche Erbinformationen gespeichert sind. Mit der Verschmelzung von Ei- und Samenzellen enthält jeder Nachkomme

Goldfische können sich so rasch und zahlreich vermehren, dass Sie bald vor der Frage stehen: Wohin damit?

Laichen Goldfische im Aquarium ab, sollte man wegen der dadurch hervorgerufenen Belastung vorsichtshalber die Wasserqualität kontrollieren.

Nicht immer fällt die Unterscheidung der Geschlechter so leicht wie bei diesem »frühreifen« Männchen, auf dessen Kiemendeckeln bereits ein erster Laichausschlag sprießt.

Bereits der »normale« Chromosomensatz vieler Karpfenfische hat die doppelte Chromosomenanzahl wie der bei Knochenfischen übliche.

je einen Chromosomensatz von Mutter und Vater. Viele Karpfenfische, darunter auch der Giebel, sind jedoch nicht zwingend diploid, sondern können auch drei (triploid), vier (tetraploid) oder mehr (polyploid) Erbinformationspakete in ihren Zellen tragen.

In den reinen Weibchenpopulationen herrschen ungerade Chromosomensätze vor, und die Weibchen produzieren Eier, die sich, einmal abgelegt, entwickeln können, ohne dass zuvor ein Spermium bis zu ihrem Kern vordringen konnte. Das Sperma gibt durch seinen Kontakt mit dem Ei lediglich den »Anstoß« zur ersten Zellteilung, zur weiteren Entwicklung. Bei diesem als **Gynogenese** bezeichneten Verfahren findet keine Vermischung, kein Austausch von Erbinformationen statt. Alle Nachkommen sind vollkommen identische Ebenbilder ihrer Mutter.

Es geht noch weiter: Um die Eientwicklung anzustoßen, ist nämlich nicht zwingend Giebelsperma erforderlich, sondern es genügt die Milch irgendeines anderen Karpfenfischs, einer Orfe, eines Rotauges, einer Elritze oder einer Karausche. Ein laichbereites Giebelweibchen ist demnach nicht nur in der Lage, die Fortpflanzungsbereitschaft artfremder Karpfenfischmännchen zu »registrieren«, es muss auch wissen, zu welchem Zeitpunkt einer Karauschenpaarung es sich dazwischen drängeln muss, um an den Samenzellen seines »Wirtes« erfolgreich parasitieren zu können.

73

Hauptsächlich »normale« Goldfische, allen voran die aus Japan stammenden großen Sorten, beherrschen diese phantastische Vermehrungsweise auch. Es gibt aber auch eine ganze Reihe gynogenetischer Hochzuchtrassen. Beispielsweise machen sich chinesische Züchter diese Eigenschaft bei ihren »Lung yu« **(Demekin)** und »Hon tou« **(Rotkäppchen)** zunutze, um möglichst viele der diesen Standards entsprechenden Jungfische zu erzielen.

Das ist nicht immer und nicht bei allen Rassen der Fall, denn Goldfische vererben nicht streng nach mendelschen Gesetzen, sondern sprunghaft und verschiedene Merkmale unterschiedlich stabil. Um nur ein Beispiel zu nennen: Die Hautwucherungen an Kopf und Kiemen eines **Oranda**-Paares vererben sich nahezu einhundertprozentig auf alle Nachkommen; aber die Entwicklung der Körperfarbe(n), die Reflexionsfähigkeit von Schuppen und Haut sowie das Merkmal »geteilte Afterflosse« sind nicht exakt vorhersehbar.

Schon aus diesem Grund sind alle gehandelten Goldfische nicht auf natürlichem Wege entstanden, sondern Ergebnisse einer auf »Klasse durch Masse« setzenden Produktion. Wie in der kommerziellen Speisefischzucht werden sorgfältig ausgewählte Weibchen und Männchen abgestreift, ihre Geschlechtsprodukte miteinander verrührt, die Larven in stark durchlüfteten Behältern erbrütet und die Jungfische in großen Teichen oder sehr warmen, großen Tanks »gestreckt«.

In regelmäßigen Abständen sortieren goldfischkundige Fachleute die Jungfische danach, ob sie gewünschte oder ungewollte Merkmale zeigen und entfernen missgestaltete Exemplare. Das ist eine sehr aufwendige Arbeit, ohne die es jedoch keine Goldfische geben würde, die man einer Rasse oder einem Standard zuordnen kann (wir haben die Begriffe Rasse und Standard nur deshalb nicht in Anführungszeichen gesetzt, weil wir nicht so pingelig sein wollen).

Auch das noch

Vermehren sich ihre Goldfische im Aquarium, dann freuen sie sich darüber, wenn es gelingt, diesen oder jenen Jungfisch aufzuziehen. Auch wenn er keine Schönheitswettbewerbe gewinnen kann, werden Sie ihn besonders mögen und vielleicht sogar mit besonderem Stolz betrachten. Sind sie aber das Opfer einer »Goldfischplage« im Gartenteich und finden keine Abnehmer,

Eierfische schwimmen auch ohne Rückenflosse nicht viel schlechter als die meisten Schleierschwänze.

dann setzen Sie Ihren »Zuchterfolg« bitte nicht in Teichen öffentlicher Anlagen und schon gar nicht in natürlichen Gewässern aus – Goldfische haben oft genug bewiesen, wie gut sie dort zurechtkommen und sind für die heimischen Lurch- und Fischbestände durchaus eine existenzbedrohende Gefahr.

Wenden Sie sich statt dessen an Ihren Tierarzt oder an einen der im Anhang aufgeführten Fischgesundheitsdienste, wo Sie fachmännischen und allen Erfordernissen des Tierschutzes entsprechenden Rat finden werden.

75

Goldfischgesundheit

Unter Wasser, in der völlig anderen Welt eines Aquariums oder Gartenteichs, ist vieles anders als an Land. Um zu verstehen, wie Fischkrankheiten entstehen beziehungsweise – das ist der bessere Ansatz – wie man ihnen vorbeugt, muss man sich einige wichtige Unterschiede immer wieder vor Augen führen.

Gesundes, gut gepflegtes Wasser ist die allerbeste Prophylaxe gegen Fischkrankheiten.

Fischkiemen, Atmungs- und Ausscheidungsorgan (von Stickstoffverbindungen wie Ammoniak) zugleich, stehen ununterbrochen im direkten Kontakt zum Wasser. Nur eine dünne Lage von Zellen, in denen sich Abwehrmechanismen abspielen und die teilweise auch Schleim produzieren, schützt vor schlechten Einflüssen. Unter diesen Zellen liegen jene feinen Blutgefäße, die den Sauerstoff aufnehmen und Schadstoffe abgeben sollen. Zum Vergleich: Unsere Atemluft muss, bis sie die Lungen erreicht, eine erheblich weitere Strecke zurücklegen und viele vorgeschaltete Filter überwinden.

Reizen schlechte Wasserwerte die Kiemen oder entzünden sie sich durch Krankheitserreger, versuchen sie mittels Schleimbildung eine Barriere gegen eindringende Erreger aufzubauen. Diese Schutzautomatik verlängert den Weg des Sauerstoffs in das Blut und kann die Atmung stark behindern. Die fatalen Folgen sind Sauerstoffmangel in den Organen und weitere Schäden, vor allem in der Niere, deren Belastung durch Ausscheidungsprodukte dann derart ansteigt, dass ihre wichtigste Funktion, die Regelung der Blut- und Körperwasserkonzentration, leidet oder ganz zum Erliegen kommt. In den relativ schwach durchbluteten Flossen erkennt man den Sauerstoffmangel an abgestorbenem Gewebe und ausgefransten Flossenrändern.

Ähnlich wie die Kiemen ist auch die Schleimhaut der Fische dem Außenmileu preisgegeben. Eine verletzte oder von Erregern zerstörte Schleimschutzschicht gibt den Weg in den Fischkörper frei. Häufig sitzt an der Stelle der Verwundung ein rotes Geschwür oder eine wattebauschähnliche »Verpilzung«. Verfügt der Fisch jetzt nur noch über reduzierte Abwehrkräfte, können sich bakterielle Infektionen bis in den Körper hinein ausbreiten und zu einer Allgemeininfektion führen.

Bei guten Wasserverhältnissen und ohne zu große Belastung durch Stress werden kräftige Goldfische sehr selten krank.

Eigentlich ist das Selbstheilungsvermögen verletzter oder von Infektionskrankheiten befallener Goldfische enorm. Zum Ausgleich der unmittelbaren Wechselwirkung von Außenmilieu (Wasser) und Körper verfügen sie über ein großes Erholungsvermögen und erstaunliche Regenerationskräfte. Jedoch sind Abwehrkräfte und Kondition der Fische in hohem Maße von der Umwelt abhängig. Je besser die Wasserqualität (besonders der Sauerstoffgehalt, der pH-Wert und die Ammonium- und Nitritwerte) und die Wassertemperatur (die Abwehr von Krankheitserregern funktioniert zwischen 20 und 25 °C am besten), desto größer sind die Heilungschancen. Und umgekehrt: Je schlechter die Wasserqualität und je niedriger die Temperaturen sind, desto wahrscheinlicher sind Krankheiten infolge einer Schwächung des Immunsystems und nachfolgende Infektionen.

Häufige Erreger muss man kennen

Um gegen auftretende Krankheiten eine geeignete Therapie auswählen zu können, muss man nicht nur die krankheitsauslösenden Umweltfaktoren und Erreger erkennen, sondern auch etwas über die Besonderheiten der verschiedenen Krankheitserreger wis-

77

Nach allen Erfahrungen sind die meisten Krankheiten – zumindest teilweise – umweltbedingt. Anhaltend ungünstige Wasserwerte, mangelhafte Ernährung (zuviel, zuwenig oder auch das falsche Futter) und Filterzusammenbrüche bilden die häufigsten Probleme. Treten Symptome auf, die sich nicht eindeutig zuordnen lassen, heißt die erste Regel darum: Wasserwerte messen und die aktuellen Werte mit der (hoffentlich dokumentierten) Entwicklung der letzten Zeit kritisch vergleichen.

Man kann nur Krankheiten behandeln, die man kennt: Diagnose steht vor Therapie. Der Fachmann (= Tierarzt) kann das am besten.

sen. Prinzipiell unterscheiden wir »belebte« (»Pilze«, Bakterien, Parasiten und, der Einfachheit halber, auch Viren) und »nicht belebte« (Sauerstoffmangel, Vergiftungen, Verletzungen) Krankheitsursachen.

Bei den in Form von weißen bis gelben oder graugrünen Wattebäuschen auftretenden **Pilzen** handelt es sich wohl um Organismen aus der Verwandtschaft der Braun- und Kieselalgen. Wegen der Künstlichkeit der Begriffe »Pilz« und »Alge« bleiben wir aber einfach beim bekannten Begriff der »Verpilzung«.

Verpilzungen sind meistens Anzeiger von Hautverletzungen, die durch Parasiten, Bakterien oder mechanische Einflüsse entstanden sind. Die in Frage kommenden Pilze sind fadenähnliche Gebilde – einzeln nur unter dem Mikroskop erkennbar – und bevorzugen leicht saures Wasser mit einem pH-Wert unter 6,5. Haben sie erst einmal einen Goldfisch angegriffen, muss man meist mit malachitgrünhaltigen Bädern helfen, gleichzeitig aber auch die Ursache(n) der Hautverletzung finden und sofort beseitigen.

Bakterien sind mikroskopisch kleine Krankheitserreger. Um sie sichtbar zu machen und differenzieren zu können, muss man sie einfärben und mit dem Mikroskop etwa 400-fach vergrößern. Man kann sie auch auf einem speziellen Nährboden züchten. Viele Bakterien helfen bei der Wassentgiftung, sind also in jedem Filter, Aquarium und Teich vorhanden und normalerweise willkommen.

Führen Bakterien jedoch Krankheiten herbei, ist das immer ein Alarmsignal, denn die Abwehrkräfte der Fische sind dann nicht intakt. Hier spielt auch Stress eine große Rolle. Vor allem fremde Bakterien, die mit neuen Fischen in ein gut laufendes Becken gelangen, können so lange zu Schwierigkeiten führen, bis sich alle Fische mit den »Fremdlingen« auseinander gesetzt haben. Bei Temperaturen über 20 °C können sich Bakterien extrem schnell

Oft genügt eine unüberlegte Kleinigkeit – ein vergessener Wasserwechsel, ein ohne Quarantänezeit hinzu gesetzter weiterer Fisch – um selbst so gut konditionierte Goldfische wie diesen **Kaliko-Ryukin** ernsthaft zu gefährden.

vermehren; das Immunsystem befindet sich dann in einem regelrechten Wettlauf mit der bakteriellen Vermehrung.

Gegen Bakterien werden häufig Antibiotika eingesetzt, insbesondere dann, wenn bakterielle Geschwüre in Gestalt der sogenannten »Lochkrankheit« auftreten. Hier ist größte Vorsicht geboten: Bakterien können, wenn die falschen Antibiotika, die falschen Dosierungen, die falsche Zeitdauer oder die falsche Anwendungsart gewählt werden, resistent werden. Das bedeutet, dass einige von ihnen die Behandlung überstehen und sich ungehindert weiter vermehren. Bei einer erneuten Erkrankung ist das früher eingesetzte Mittel wirkungslos. Kurpfuscherei mit Antibiotika (an erster Stelle nennen wir antibiotische Bäder mit den falschen Wirkstoffen) hat schon viele Fische das Leben gekostet!

Bei derartigen Erkrankungen müssen deshalb immer spezialisierte Fachleute mit diagnostischen und therapeutischen Kenntnissen hinzugezogen werden. Sie werden mit einem Antibiogramm (eine Laboruntersuchung, mit der man die wirksamen Stoffe erkennen kann) eine gezielte Behandlung einleiten. Nicht nur wegen der gesetzlichen Vorschriften: **Antibiotika gehören ausschließlich in die Hand des Tierarztes** (Apotheker, Humanmediziner, Biologen und unter dem Ladentisch mit Antibiotika

79

Goldfischkauf – reine Vertrauenssache

Wo zum Beginn der jährlichen Teichsaison hastig Bottiche mit Unmengen von Teichfischen neben babylonischen Türmen aus Futterdosen aufgestellt werden, wo man Goldfische besonders billig oder gar als »Sonderangebote« anbietet, werden wir niemals auch nur einen einzigen Fisch erwerben. Wir tun das auch überall dort nicht, wo Goldfische in trüben »Brühen« dümpeln, wo das Hälterungswasser verdächtig riecht und uns der Verkäufer schon mit dem Netz in der Hand entgegenkommt.

Zoogeschäfte und Koihändler mit Goldfischabteilung, die während des ganzen Jahres Goldfische in gefilterten und belüfteten sauberen Aquarien oder Bassins anbieten – da gehen wir hin und Sie hoffentlich auch.

Lassen Sie sich mit der Auswahl Zeit, viel Zeit, und beobachten Sie die Fische. Wirken sie matt und schwerfällig? Atmen sie schnell, sind sie besonders fett oder am Ende abgemagert? Achten Sie auf Haut- und Schuppenverletzungen, auf Beulen, Geschwüre und darauf, ob dunkle Stellen durch die Schuppen hindurchscheinen. Fehlen Schuppen, stehen einzelne oder mehrere ab? Dann sind Sie bei der falschen Adresse.

Schwimmen die Goldfische aber lebhaft umher, atmen ruhig und regelmäßig und halten ihre Flossen gespreizt, ist das schon ein sehr gutes Zeichen. Wenn der Verkäufer dann auch noch Ihre Fragen interessiert aufnimmt und beantwortet, wenn er selbst welche stellt (etwa nach Ihrem Aquarium, Ihrem Teich oder den Wasserverhältnissen) und alle Fische sofort kommen, wenn er Sie füttert, dann können Sie bleiben und mit dem Aussuchen beginnen. Auf geradezu ideale Verhältnisse und sachkundiges Personal sind Sie gestoßen, wenn die Fisch nicht mit dem Netz, sondern mit einem Becher oder der bloßen Hand gefangen und anschließend einzeln und mit einer Portion Sauerstoff versorgt in Transportbeutel verpackt werden. Vielleicht müssen Sie hier ein paar Mark mehr bezahlen, aber schließlich wollen Sie gesunde Haustiere kaufen und kein »Schnäppchen« machen.

dealende Zoohändler sind keine Tierärzte!). Nur der Tierarzt kann die Verantwortung für die Behandlung rechtlich tragen.

Nicht immer muss man gleich Antibiotika einsetzen. Auch mit der raschen Verbesserung der Wasserverhältnisse und dem Einsatz milder, relativ ungefährlicher Substanzen, die die Keimzahl im Wasser verringern und so den Infektionsdruck verkleinern, können weniger schwere bakterielle Problemen erfolgreich gelöst werden. Am häufigsten setzt man zu diesem Zweck **Kochsalz** (im Aquarium ein gehäufter Teelöffel pro zehn Liter Wasser, im Teich ein bis fünf Kilogramm Salz pro 1000 Liter Wasser) und sauerstoffabspaltende Desinfektionsmittel, beispielsweise Wasserstoffperoxid ein. Es gibt verschiedene pulverförmige Stoffe, die diese Wirkung entfalten. Die Dosierung soll sich an der organischen Belastung des Wassers, seiner Härte und Temperatur orientieren; allgemeingültige Dosierungsvorschriften sind daher nicht möglich.

Hören Goldfische auf zu fressen, erkennt man größere Geschwüre oder **Bauchwassersucht** (»Tannenzapfenkrankheit«), muss man schleunigst eine Untersuchung einleiten. Sorgen sie bei Todesfällen für eine schnelle Untersuchung in einem auf Fischkrankheiten spezialisierten Labor. Je schneller Sie handeln, desto größer sind die Aussichten, ihren Fischbestand richtig und schnell genug zu behandeln.

Viren sind noch wesentlich kleiner als Bakterien; um sich zu vermehren, sind sie zwingend auf lebende Zellen angewiesen. Viren sind häufig die Ursache von Hautveränderungen – beispielsweise der unschönen, doch harmlosen Karpfenpocken – und seltener auch von Allgemeinfektionen wie der Frühjahrsvirämie, an der Goldfische nicht oft erkranken. In heimischen Karpfenfischbeständen ist sie dagegen nicht so selten, weshalb wir vor der Vergesellschaftung von Goldfischen mit einheimischen Fischen warnen. Viruskrankheiten können nicht mit Medikamenten behandelt werden; sinnvoll ist deshalb die Stärkung des Immunsystems, etwa mit warmem Wasser und Vitamingaben.

Parasiten bilden die weitaus größte Gruppe der Krankheitserreger bei Goldfischen. Trotz der Widerstandskraft, die gesunde Goldfische gegen Parasiten entwickeln, ist bei ihrem Aufreten eine Behandlung – in Abhängigkeit von der Befallsstärke – angezeigt. Doch Vorsicht vor den Versprechungen mancher Präparate. Gezielte Behandlungen verhindern die Belastung von Filter, Fisch und Mensch.

Das weite Spektrum von Kiemen- und Hautparasiten kann man mühelos durch Haut- und Kiemenabstriche mit einem geeigneten Mikroskop erkennen; eine Vergrößerung bis etwa 200fach ist ausreichend. Häufig als **Hauttrüber** oder **Weißpünktchenkrankheit** auffallende einzellige Parasiten müssen anders bekämpft werden als höher organisierte Parasiten, wie Haut- und Kiemensaugwürmer oder die mit dem bloßen Augen sicht- und erkennbaren Karpfenläuse oder Ankerwürmer. Einheimische Teichfische, -pflanzen und Enten tragen oft Parasiten in unsere Gartenteiche.

Seien Sie misstrauisch: Es gibt keine Allheil- und keine Wundermittel!

Goldfische sollten nicht mit einheimischen Fischen vergesellschaftet werden. Sie können hier auf Krankheitserreger treffen, die ihr Immunsystem noch nicht kennt.

81

Von dem Lebensmittel Fisch weiß jeder, dass es schnell verdirbt, kühl gelagert und rasch verarbeitet werden muss. Das gilt auch für Fisch als Untersuchungsmaterial. Tote Goldfische, die untersucht werden sollen, nehmen Sie so schnell es geht aus dem Wasser. Schlagen Sie den Fisch in feuchtes Zeitungspapier oder ein feuchtes Handtuch. Niemals Luftabschluss durch Aufbewahrung in Wasser oder Plastiktüten erzeugen! Für den Transport legen Sie den Fisch gekühlt und in Papier oder Handtücher gewickelt in eine deutlich größere offene Plastiktüte oder einen luftigen Karton. Es sollte immer ein Luftzutritt zum Fisch möglich sein!

Kühlen Sie den Fisch im Kühlschrank oder mit Kühlakkus und melden Sie ihn bei der Untersuchungsstelle an. Kann der Transport oder der Versand nicht sofort erfolgen, frieren Sie den Fisch spätestens nach 24 Stunden ein. Danach sind zwar nicht mehr alle Untersuchungen in vollem Umfang möglich, aber das ist immer noch besser, als überhaupt keine Diagnose stellen zu können.

Jeder Goldfisch, der nicht zum Futter kommt, ist bereits ein Grund, sich Sorgen zu machen.

Für die allermeisten Parasiten gilt: Ein geringer Befall älterer Goldfische ist vollkommen normal. Ein starker Befall sollte aber auf jeden Fall behandelt werden. Gleichzeitig ist ein kritischer Blick auf die Besatzdichte und die Wasserqualität nötig. Erkrankungen jüngerer, kleinerer Fische, die noch keine Abwehrkräfte gegen die im Aquarium beziehungsweise Teich vorhandenen Parasiten oder Bakterien entwickeln konnten, sollten dagegen auf jeden Fall behandelt werden.

Sämtliche Substanzen, die gegen Parasiten wirken, sind auch für Menschen nicht gerade ungiftig und müssen mit größter Vorsicht eingesetzt werden. Das gilt insbesondere für das in vielen Außenparasitenmitteln enthaltene Formalin, das beim Menschen Allergien und anderes auslösen kann.

Es existieren viele Erkrankungen mehr, die hier nicht angesprochen werden können. Zuverlässige und rasche Hilfe bieten Ihnen im Bedarfsfall die mittlerweile annähernd flächendeckend vorhanden Spezialisten, die wir (ohne Anspruch auf Vollständigkeit) im Anhang samt ihrer Adressen nennen.

Ein Goldfisch, der über mehrere Tage kein Futter annimmt und sich absondert, sollte grundsätzlich untersucht werden. Natürlich gilt das auch, wenn alle Goldfische trotz hoher Temperaturen die Nahrungsaufnahme einstellen oder wenn innerhalb kurzer Zeit

Geschwüre oder weiße Pünktchen am Goldfischkörper erscheinen, die täglich größer werden.

Guter Stress, schlechter Stress

Natürlich gilt auch für Fische, dass schlechter Stress die Gesundheit beeinträchtigt.

Bis auf ganz wenige echte Krankheitserreger sind bei Goldfischen ab dem zweiten Lebenssommer eigentlich kaum noch ernsthafte »Krankmacher« zu finden. Voraussetzungen sind jedoch eine möglichst optimale Umwelt, das Fehlen massiver Stress-Situationen und eine gute Kondition der Fische. In ihrem ersten Sommer haben sie Bekanntschaft mit den Bakterien, Parasiten und anderen Krankheitserregern im Teich oder Aquarium gemacht und sind gegen sie ähnlich unempfindlich wie Menschen gegen Masern oder Röteln, wenn sie diese Infektionen einmal durchgemacht haben.

Weshalb gibt es dennoch immer wieder kranke Fische? Die Antwort hat mit Stress und der individuell unterschiedlichen Kondition der Fische zu tun. Es gibt »guten« Stress, der hilft, Gefahrensituationen zu meistern und schnell auf Umweltveränderungen zu reagieren. Genau wie bei uns Menschen beschleunigen sich Atmung und Herzschläge der Fische, und Adrenalin wird ausgestoßen. Der Organismus ist alarmiert und für Höchstleistungen wird Zucker aus den Speicherorganen mobilisiert, der Blutzuckerspiegel steigt. Dauert diese natürliche Situation übermäßig lange an, ist irgendwann alle Energie verbraucht und der Körper gerät in einen Erschöpfungszustand, der schließlich zum Tod führen kann. Es gibt demnach also auch extrem negativem Stress.

Nach einer Belastungsphase brauchen die Fische Zeit, um sich zu erholen.

Man darf hieraus schließen, dass etwas Forderung dem Organismus nicht schadet und zu bewältigten Stress-Situationen auch körpereigene Lernprozesse gehören, dass aber zwischen extremeren Anforderungen unbedingt Erholungsphasen liegen müssen. Im Dauerstress erschöpfen sich nämlich insbesondere die Widerstandskräfte gegen Krankheitserreger. Fang, Transport, schneller Wechsel von Wasserqualitäten und -temperaturen, Sauerstoffmangel und Vermehrung zählen zu den stärksten Stressoren.

Kondition und Konstitution

Kondition ist abhängig von der Außenwelt (Futter, Wasser, Krankheitserreger, Feinde) und der ererbten Ausstattung mit Abwehrkräften. Ein Blick in die Natur hilft, das zu verstehen: Nach dem ersten Sommer im Teich leben von aus den abgelaichten und befruchteten Eiern einer Saison geschlüpften Fischchen noch höchstens 50 Prozent. Die Verluste sind auch bei besten Ernährungsbedingungen auf nicht lebensfähige Brut (infolge von ererbten Mißbildungen verschiedenster Art), auf infektiöse »Kinderkrankheiten« und auf das Aufgefressenwerden durch Artgenossen oder Feinde zurückzuführen. Daher die große Masse an Eiern, die jedes Goldfischweibchen laicht.

In der Natur ist der widerstandsfähigste Fisch im Vorteil und hat dann auch die Chance, sich zu vermehren. In der Zucht von Goldfischen und der Auswahl, die wir Menschen treffen, überleben dagegen die Fische, die hinsichtlich ihrer Körperform oder -farbe dem geforderten Zuchtziel entsprechen. Die »Kinderkrankheiten« des ersten Sommers werden durch Medikamente verhindert oder geheilt, und so überleben viele Fische, die in der freien Natur keinerlei Chancen gehabt hätten.

Aus diesem Grund können einzelne Fische erkranken, der übrige Bestand aber gesund bleiben. Die jeweilige Situation der körpereigenen Abwehrkräfte kann ganz unterschiedlich und natürlich kann jeder einzelne Fisch von seiner Umwelt auch verschieden stark gestresst sein.

Hygiene hilft

Fischkrankheiten beugt man mit der Schaffung einer möglichst optimalen Umwelt und konsequenten Hygienemaßnahmen im Aquarium und Teich vor. Teichhygiene dient dazu, die zwangsläufige Anreicherung und übermäßige Vermehrung von Krankheitserregern zu verhindern. Den Teich im Herbst abzulassen, eine Grundreinigung des Teichbodens vorzunehmen und abgestorbene Pflanzen zu entfernen ist eine naheliegende Vorbeugungsmaßnahme (die Goldfische müssen dann in eine Innen- oder Übergangshälterung). Niemals darf aber der »biologische« Teil des Filters vollständig gereinigt werden. Regelmäßige Entnahmen von Schlamm und abgestorbenen Pflanzenteilen empfehlen wir insbesondere bei dicht besetzten Teichen, in denen auch viel gefüttert wird.

Im Aquarium muss der im Filter oder auf und im Boden anfallende Schlamm regelmäßig entfernt werden; auch hier bei gleichzeitiger Schonung der nützlichen Filterbakterien! Welke Wasserpflanzenteile zu entfernen ist nicht zuletzt aus optischen Gründen eine regelmäßige Pflegemaßnahme.

Verabschieden Sie sich von der irrigen Vorstellung, es gäbe eine »Wunderdroge«, eine »Allheilmedizin« gegen mehrere oder gar alle Erkrankungen der Fische zugleich. Zwar wird genau das von einigen Mitteln aus dem Zoofachhandel behauptet – bei echten Krankheitsproblemen führen Behandlungen mit solchen Tropfen, Tabletten und Tinkturen jedoch kaum einmal zum Erfolg.

Von Fall zu Fall kann es erforderlich sein, Parasiten gezielt mit Bädern zu bekämpfen, selbstverständlich, den Gleichgewichten in Filter und Wasser zuliebe, erst nach einer korrekten Diagnose, weil fast alle in Frage kommenden Arzneimittel starke Gifte sind und bei falscher Anwendung mehr schaden als nützen.

Hygiene bedeutet auch, neue Fische in Quarantänebecken zu beobachten und eventuell zu behandeln. Insbesondere ist das nötig, wenn man neben den Goldfischen heimische Fischarten aus dem Handel oder aus freien Gewässern halten will. Goldfische aus China, Japan, Südostasien oder Israel kennen einige unserer heimischen Parasiten und Krankheitserreger nicht und können daher unter ganz banalen Erregern heftig leiden.

Schließlich und endlich gehört natürlich auch dies zur Hygiene und Krankheitsvorsorge: Fischbesatz, Wassermenge, Filterleistung und die für eine gute Ernährung erforderliche Futtermenge müssen in einem ausgewogenen Verhältnis stehen. Es ist eigentlich logisch, dass hohe Besatzdichten schon durch den häufigen Kontakt der Fische untereinander die Ausbreitung von Krankheitserregern begünstigen. Die Auswirkungen des damit verbundenen Sozialstresses tragen noch ihren Anteil zur Krankheitsentstehung bei.

Unsere Empfehlung zum Thema Vorbeugung von Fischkrankheiten lassen sich auf wenige Punkte verkürzen: Kaufen Sie gesunde, gut konditionierte Fische in zunächst kleinerer Zahl bei laufender Überwachung der Wasserwerte und abwechslungsreicher Fütterung. Teichgoldfische erwerben Sie in einer Jahreszeit, die stabile Wassertemperaturen gewährleistet, hierzulande etwa zwischen Mai und September.

Und beobachten Sie Ihre Fische gründlich. Zu den wichtigsten prophylaktischen Maßnahmen gehört es, die normalen Verhaltensweisen der Fische zu kennen. Widmen Sie Ihren Tieren Zeit, dann wird Ihnen auch ungewöhnliches Verhalten schnell auffallen.

Widmen Sie Ihren Goldfischen Zeit und vor allem Aufmerksamkeit, dann fallen Ihnen negative Veränderungen rechtzeitig auf.

Wichtigste Alarmsignale	**Einer oder mehrere Goldfische …**
	…sondern sich ab, liegen am Boden, klemmen die Flossen.
	Kochsalzbad in einer Konzentration von 30 g pro Liter (Salz nicht im Wasser auflösen, nur hineingeben) für 15 bis 20 Minuten; das Bad kann täglich wiederholt werden. Falls innerhalb von drei Tagen keine Besserung eintritt, den Tierarzt konsultieren.
	…kommen nicht ans Futter oder spucken es ständig wieder aus.
	Haut- und Kiemenabstriche untersuchen lassen; Maulhöhle auf Fremdkörper oder Geschwüre untersuchen.
	…stehen ständig am Filtereinlauf oder Ausströmer.
	Kiemen untersuchen lassen. Hinweis auf Sauerstoffmangel, daher auch Wasser untersuchen.
	…atmen schwer.
	Kiemen untersuchen lassen.
	…schöpfen an der Wasseroberfläche Luft (Notatmung).
	Schweres Alarmsignal, da extremer Sauerstoffmangel. Wasser und Kiemen untersuchen lassen. Sofort zusätzlich belüften und für Frischwasser sorgen.
	…scheuern sich und springen ständig aus dem Wasser.
	Haut- und Kiemen untersuchen lassen, Wasser überprüfen lassen.
	…stehen ständig in den wärmsten Bereichen und fressen nicht.
	Hinweise auf bakterielle Allgemeininfektionen, Tierarzt konsultieren.

...haben weiße oder graue watteähnliche Hautbeläge

Hautabstriche untersuchen lassen; Erstversorgung mit malachitgrünhaltigen Präparaten. Hinweis auf Hautverletzung, daher Verletzungsursache suchen und entfernen.

...haben einen trüben, weißlichen Hautüberzug und scheuern sich.

Hautabstriche untersuchen lassen; handelsübliche Präparate gegen Außenparasiten. Vorsicht bei formalinhaltigen Mitteln!

...zeigen Geschwüre, Beulen, Rötungen der Flossen oder der ganzen Haut.

Tierarzt konsultieren und Antibiogramm anfertigen lassen. Niemals selbst Antibiotika einsetzen, da Gefahr einer Resistenzbildung droht.

...taumeln oder können das Gleichgewicht nicht halten.

Hinweis auf Schwimmblaseninfektion. In wärmeres Wasser umsetzen und Tierarzt konsultieren.

...haben einen dicken Bauch oder »Schuppensträube«, sondern sich ab und fressen nicht.

Kann ein Hinweis auf die sogenannte bakterielle Bauchwassersucht sein. Schnellstens einen Tierarzt aufsuchen.

...nehmen an Umfang zu, schwimmen und fressen aber normal.

Hinweis auf Laichbildung oder Überernährung (Verfettung). Weniger und selteneres Füttern kann die Ursachen beseitigen. Auch Tumorerkrankungen in der Bauchhöhle oder der bei Goldfischen häufige Befall mit dem Einzeller *Hoferellus carassii*, der eine zystische Nierenerkrankung mit schleichend tödlichem Ausgang verursacht, sowie die nicht heilbare Fischtuberkulose können dieses Symptom herbeiführen. Hält der Zustand an, den Tierarzt hinzuziehen.

Wichtige Adressen

Vereine und Verbände

Verband Deutscher Vereine für Aquarien- und Terrarienkunde e. V. (VDA)
Geschäftsstelle: Hans und Ingrid Stiller, Luxemburger Straße 16, 44789 Bochum.

Fischgesundheitsdienste

Baden-Württemberg
Fischcare, Dr. med. vet. Sandra Lechleiter, Forststraße 180, 70193 Stuttgart, Telefon: (0711) 6 15 16 31,
Fax: (0711) 6 15 16 32.

Bayern
Institut für Zoologie, Fischereibiologie und Fischkrankheiten der Tierärztlichen Fakultät der Ludwig Maximilians Universität, Kaulbachstraße 37, 80539 München, Telefon: (0 89) 2 80 26 87, Fax: (0 89) 2 80 51 75.
Dr. med. vet. Iris Fuchs, Schloss-Straße 13, 91257 Pegnitz, Telefon: (0 92 41) 7 04 37, Fax: (0 92 41) 91 92 72.

Berlin und Brandenburg
Zierfischpraxis Jan Wolter, Mierendorffstraße 23, 10589 Berlin, Telefon: (0 30) 34 50 22 10.
Andreas Engelhardt, SULA Frankfurt/Oder, Ringstraße 1030, 15236 Frankfurt/Oder, Telefon: (03 35) 5 21 72 22.
Institut für Binnenfischerei e. V. Potsdam-Sacrow, Jägerhof am Sacrower See, 14476 Groß-Glienicke, Telefon (03 32 01) 40 60, Fax (03 32 01) 4 06 40.

Bremen, Hamburg
Thomas Mack, Tierarzt, Fisch-Reha-Zentrum Nord, Birkenhof 3, 21435 Stelle, Telefon: (0 41 74) 71 24 26,
Fax: (0 41 74) 71 24 27.

Hessen

Fischgesundheitsdienst am Staatlichen M.-, L.- und V.- Untersuchungsamt Mittelhessen, Marburgerstraße 54, 35396 Gießen, Telefon: (06 41) 3 00 60, Fax: (06 41) 30 06 18.

Niedersachsen

Tierärztliche Hochschule Hannover, Fachgebiet Fischkrankheiten und Fischhaltung, Bünteweg 17, 30559 Hannover,
Telefon: (05 11) 9 53 85 60, Fax: (05 11) 9 53 85 87.
Staatlicher Fischseuchenbekämpfungsdienst und Fischgesundheitsdienst, Eintrachtweg 17, 30173 Hannover,
Telefon: (05 11) 28 11 12, Fax: (05 11) 1 06 33 09.

Nordrhein-Westfalen

Fischgesundheitsdienst an der Landesanstalt für Fischerei NRW, 57399 Kirchhunden-Albaum, Telefon: (0 27 23) 76 85.

Rheinland-Pfalz und Saarland

Fischgesundheitsdienst am Landesveterinäruntersuchungsamt, Blücherstraße 34, 56073 Koblenz, Telefon: (02 61) 40 40 50.

Sachsen

Landesuntersuchungsanstalt für das Gesundheits- und Veterinärwesen Sachsen, Standort Dresden, Jägerstraße 10, 01099 Dresden, Telefon: (03 51) 8 14 42 14.

Sachsen-Anhalt

Fischgesundheitsdienst am Staatlichen Veterinär- und Lebensmitteluntersuchungsamt, Hafersbreiter Weg 132–135, 39576 Stendal, Telefon: (0 39 31) 21 61 03.

Thüringen

Fischgesundheitsdienst am Veterinär- und Lebensmitteluntersuchungsamt, Standort Bad Langensalza, Tennstedterstraße, 99947 Bad Langensalza, Telefon: (0 36 03) 5 11.

Tetra-Aquaphon: (01 80) 2 24 18 20.

Literatur

Bernhardt, K.-H. (1998): Goldfische und Schleierschwänze.
    Verlag A. C. S., Mörfelden-Walldorf.
Herre, W. (1990): Betrachtungen an Schädeln von Goldfischen
    (Carassius gibelio f. auratus). Z. zool. Evolut.-forsch. 28:
    137–151.
–   & M. Röhrs (1990): Haustiere – zoologisch gesehen
    (2. Auflage). Gustav Fischer Verlag, Stuttgart.
Hagen, P. (1995): Teichbau und Teichtechnik (2. Auflage).
    Verlag Eugen Ulmer, Stuttgart.
Helber, T. (1995): Wassergärten. Franckh-Kosmos Verlag,
    Stuttgart.
Hilble, R., & G. Langfeldt-Feldmann (1992): Goldfische
    (2. Auflage). Franckh-Kosmos Verlag, Stuttgart.
Jauch, D. (1988): Goldfische und Kois im Aquarium und
    Gartenteich. Gräfe und Unzer Verlag, München.
Kohle, R. (1995): Schöne Miniatur-Wassergärten (2. Auflage).
    Verlag Eugen Ulmer, Stuttgart.
Kottelat, M. (1997): European freshwater fishes. Biologia,
    Bratislava, 52: 51–53.
Krausch, H.-D. (1996): Farbatlas Wasser- und Uferpflanzen.
    Verlag Eugen Ulmer, Stuttgart.
Lechleiter, S. (1998): Dr. Lechleiters Koi-Kalender. Fischcare,
    Stuttgart.
Pénzes, B., & I. Tölg (1993): Goldfische und Kois (2. Auflage).
    Verlag Eugen Ulmer, Stuttgart.
Piechocki, R. (1990): Der Goldfisch (6. Auflage). A. Ziemsen
    Verlag, Wittenberg-Lutherstadt.
Schaefer, C. (1998): Grundkurs Aquaristik. Verlag Eugen Ulmer,
    Stuttgart.
Seegers, L. (1998): Teiche und Tümpel im Garten (4. Auflage).
    Verlag Eugen Ulmer, Stuttgart.
Steinle, C.-P., & S. Lechleiter (1999): Koi. Verlag Eugen Ulmer,
    Stuttgart.
Teichfischer, B. (1994): Goldfische in aller Welt. TetraVerlag, Melle.
Wachter, K. (1998): Seerosen. Verlag Eugen Ulmer, Stuttgart.
Zur Hausen, W. (1998): Lebendige Wasser: Wasserläufe und
    Brunnen. Verlag Eugen Ulmer, Stuttgart.

Zeitschriften

Datz, Die Aquarien- und Terrarienzeitschrift. Verlag Eugen Ulmer, Stuttgart.
Das Aquarium. Birgit Schmettkamp Verlag, Bornheim.
Aquarium heute. Aquadocumenta Verlag, Bielefeld.
TI Fachmagazin. Tetra Verlag, Bissendorf-Wulften.
Aquaristik aktuell. Dähne Verlag, Esslingen.

Bildquellen

Zeichnungen:
Sonja Schadwinkel, Bremen

Fotos:
Peter Heimes, Mexico City: Seite 32, 33, 34, 35, 36
Michael Kokoscha, Oberhausen: Seite 67, 68
Juan-Carlos Merino, Leusden: Seite 5, 7, 9, 13, 15, 17, 19, 23, 27, 37, 43, 45, 49, 51, 53, 61, 75, 79
Klaus Paysan, Stuttgart: Seite 11, 25, 30, 41, 55, 73, 77
Armin Peither, München: Titelfoto
Rainer Stawikowski, Gelsenkirchen: Seite 69
Christian-Peter Steinle, Neuenburg am Rhein: Seite 70
Tetra, Melle: Seite 52, 66

Register

92

Impressum

Die Deutsche Bibliothek – CIP-Einheitsaufnahme

Ein Titeldatensatz für diese Publikation ist bei der Deutschen
Bibliothek erhältlich.

ISBN 3-8001-7481-2

© 2000 Verlag Ulmer GmbH & Co.
Wollgrasweg 41, 70599 Stuttgart (Hohenheim)
Datz und Verlag Eugen Ulmer im Internet:
www.datz.de
www.ulmer.de

Printed in Germany
Lektorat & DTP: Michael Kokoscha
Herstellung: Thomas Eisele
Reproduktion: Steffen Hahn, Kornwestheim
Druck und Bindung: Appl, Wemding

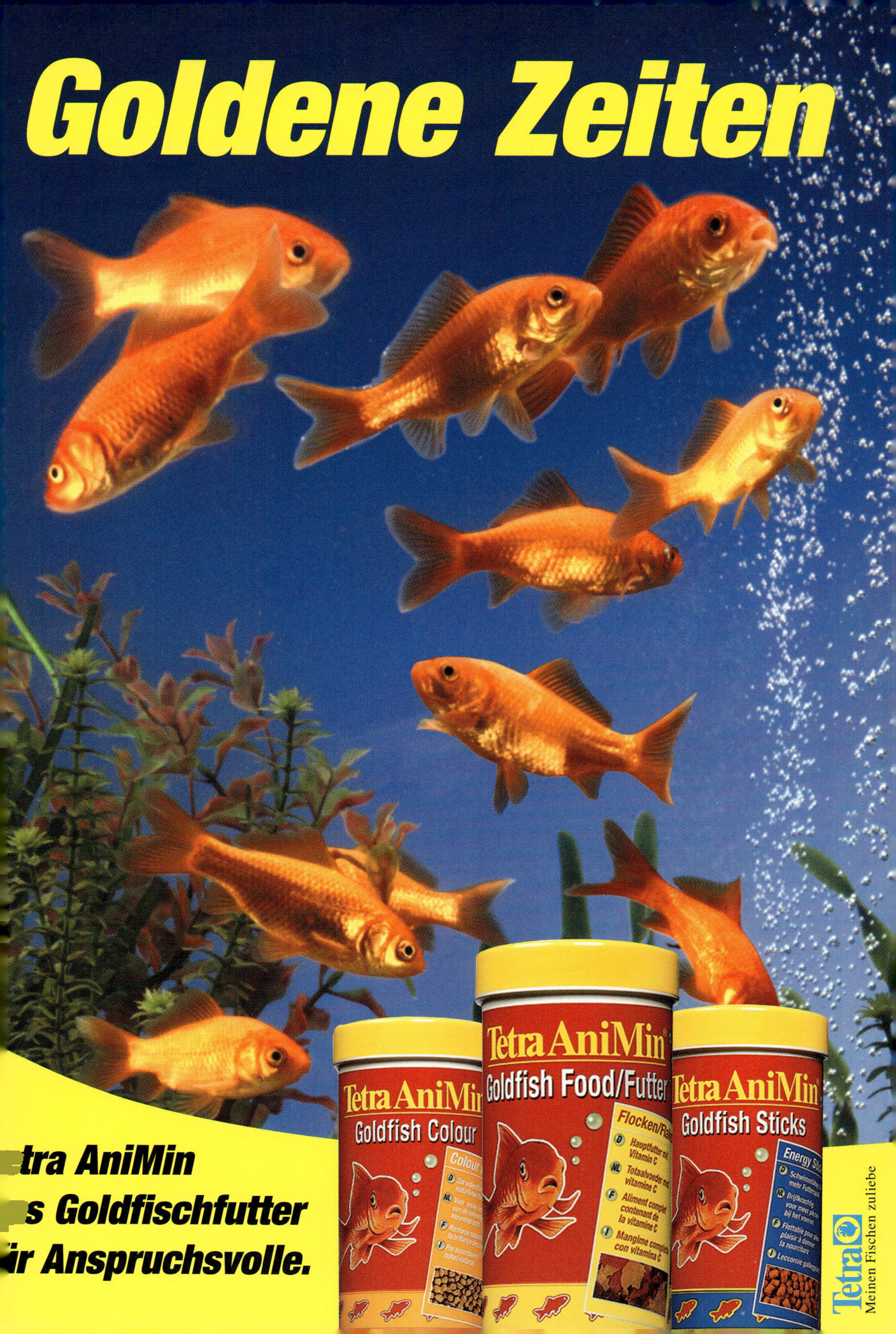
Goldene Zeiten
tra AniMin
s Goldfischfutter
ir Anspruchsvolle.
Tetra AniMin
Goldfish Colour
Tetra AniMin
Goldfish Food/Futter
Tetra AniMin
Goldfish Sticks
Tetra
Meinen Fischen zuliebe

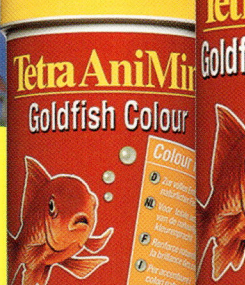

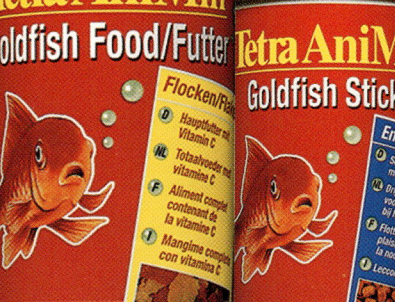

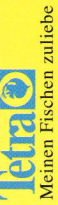

Diese DATZ-Reihe bietet mehr für Einsteiger.

Welse. Claus Schaefer. 96 Seiten, 52 Farbf., 14 Zeichn. ISBN 3-8001-7432-4.
Das Buch stellt die beiden beliebtesten im Handel erhältlichen Welsgruppen vor, die Harnisch- und die Panzerwelse.

Barben und Bärblinge. Christian-Peter Steinle. 96 Seiten, 56 Farbf., 31 Zeichn. ISBN 3-8001-7433-2.
Barben und Bärblinge sind heute aus einem Gesellschaftsaquarium nicht mehr wegzudenken.

Labyrinthfische. Michael Kokoscha. 96 Seiten, 60 Farbf., 11 Zeichn. ISBN 3-8001-7431-6.
Durch die Farbenpracht und das interessante Brutpflegeverhalten begeistern diese Fische viele Aquarianer.

Lebendgebärende Zahnkarpfen. Michael Kempkes. Etwa 96 S., 60 Farbf., 20 Zeichn. ISBN 3-8001-7449-9.
Hier werden wichtige Arten vorgestellt und ihre Pflege und Vermehrung erläutert.

Buntbarsche. Claus Schaefer. 1998. 95 S., 54 Farbf., 15 Zeichn. ISBN 3-8001-7434-0.
Das Buch behandelt Pflege und Zucht, wobei Arten mit gleichen Ansprüchen zusammengefasst sind.

Grundkurs Aquaristik. Claus Schaefer. 1998. 128 Seiten, 115 Farbfotos, 16 Zeichn. ISBN 3-8001-7378-6.
Dieses Buch ist die Grundlage für eine erfolgreiche Aquarienpflege.